ピッツバーグ大学名誉化学教授
ロバート・L・ウォルク
ハーパー保子 訳

料理の科学

②

素朴な疑問に答えます

楽工社

料理の科学

全2巻の構成

［1巻］
第1章 甘いものの話
第2章 塩――生命を支える結晶
第3章 脂肪――この厄介にして美味なるもの
第4章 キッチンの化学
第5章 肉と魚介

［2巻］
第6章 熱いもの、冷たいもの――火と氷
第7章 液体――コーヒー・茶、炭酸、アルコール
第8章 電子レンジの謎
第9章 キッチンを彩る道具とテクノロジー

［2巻　目次］

第6章　熱いもの、冷たいもの——火と氷

熱いもの

痩《や》せるためにはカロリー（熱量）の摂取を減らせばよいのだから熱が少ない冷たいものだけ食べればよいと聞きました。ほんとうですか……17
ダイエットで一gの脂肪を落とす場合、減らさなければならないカロリー量は九キロカロリーではないようです。なぜですか……21
標高が高い場所（沸点が低い場所）での調理方法について教えてください……22
水から湯を沸かすより、お湯から沸かすほうが時間がかかるというのはほんとうですか……24
鍋で湯を沸かすとき、蓋《ふた》をするのとしないのと、どちらが速く沸くのでしょうか……25

スープストックがいつまでたっても煮詰まりません。なぜでしょう……27
ワインを加える料理では、アルコール分は燃焼してしまうのですか。残るのですか……28
真夏の歩道で目玉焼きが焼けるという話は、ほんとうですか……32
炭火とガスの火の、長所と短所を教えてください……38
作ってみよう21 野菜畑のロースト
――オーブンで作る〝グリル〟風焼き野菜……43

冷たいもの

冷凍食品をいちばん速く解凍する方法を教えてください……46
ペイストリーの生地を延ばす台として大理石が推奨されるのはなぜですか……50
作ってみよう22 簡単エンパナーダ――〝冷たい〟台で延ばしたペイストリー……53
急いで氷を作りたいとき、水よりお湯のほうが速く凍るというのは、ほんとうですか……57

生卵が大量に余っています。冷凍して大丈夫ですか……61
「冷凍焼け」はなぜ起こるのですか……62
熱い食べ物に息を吹きかけると、なぜ冷めるのですか……65

第7章 液体——コーヒー・茶、炭酸、アルコール

コーヒー・茶

胃にやさしいコーヒーはどれかを教えてください……70
エスプレッソはふつうのコーヒーよりカフェインの量が多いというのはほんとうですか……71
作ってみよう23 豆乳モカプディング——カフェインのダブルパンチ……75
コーヒーからカフェインを抜くのに使用されている化学物質は、安全ですか。洗剤の親戚のようなものだと聞いたのですが……77

「お茶」は全部で何種類あるのでしょうか …… 81
作ってみよう24 フレッシュミントのチザン茶――お茶でないお茶 …… 82
電子レンジで沸かしたお湯で紅茶を入れると、おいしくありません。なぜですか …… 84
電子レンジで紅茶を沸かすと、カップの中に茶色のかすができます。正体は何ですか …… 85

炭酸

炭酸飲料を飲むと骨がもろくなるというのはほんとうですか …… 86
炭酸飲料は洗剤代わりにも使えると聞きました。飲んでも安全なのでしょうか …… 88
げっぷは地球温暖化の一因になっているのですか …… 89
栓を開けていないのに炭酸飲料の気が抜けることは、ありえますか …… 91
炭酸入り清涼飲料水の気が抜けないようにする、最良の方法は何ですか …… 93

アルコール
シャンパンはなぜすぐに中身が噴き出してしまうのですか……95
シャンパンを上手に開ける方法を教えてください……99
作ってみよう25 シャンパンゼリー——デザートにシャンパンを……101
ワインのコルクにプラスチック製が増えていますが、理由があるのでしょうか……103
▼コークスクリューはやすりで研《と》ぐ
レストランで、ワインのコルクをどう扱ったらいいのでしょうか……107
「適度のアルコール摂取量」とは、具体的にはどのくらいですか……109
▼マティーニグラスを冷やすとき、氷に水は加えないで
作ってみよう26 とびきりマルガリータ——これで乾杯！……115

第8章 電子レンジの謎

マイクロ波とは何ですか …… 121
電子レンジの熱は「水分子の摩《ま》擦《さつ》で生じる」と聞きましたが、ほんとうでしょうか …… 123
▼スポンジの消毒に電子レンジを使う
電子レンジで食品を加熱したあと、しばらく置いておかないといけない場合があるのはなぜですか …… 126
うちの電子レンジは、動いたり止まったりを繰り返しています。なぜですか …… 128
電子レンジは、どうしてオーブンよりも速く加熱できるのですか …… 129
電子レンジで加熱するとき、途中で食品の向きを変えたほうがいいのはなぜですか …… 130
電子レンジに金属を入れてはいけないのは、なぜですか …… 131
作ってみよう27 電子レンジで作るパン粉——電子レンジをトースターに …… 132
電子レンジからマイクロ波が漏れ出て、人を加熱することはありえますか …… 134
「電子レンジ対応」容器の条件は何ですか …… 135

「電子レンジ対応」容器でも、
レンジに入れると熱くなるものがあるのはなぜですか……137
電子レンジでお湯を沸かすのは危険ですか……138
作ってみよう28 翡翠色《ひすいいろ》のサマー・スープ――レンジで作る夏野菜たっぷりのスープ……140
マイクロ波は食品の分子構造を変えますか……143
マイクロ波は食品の栄養分を破壊しますか……144
電子レンジで加熱した食品は、
なぜオーブンで加熱した食品より速く冷めるのですか……144
生のエンドウ豆と水をレンジで茹《ゆ》でたら、煮こぼれしました。
ところが缶詰のエンドウ豆は、同じ方法で加熱しても行儀がいいのです。
なぜですか……146
冷凍のミックスベジタブルをレンジにかけたら火花が散りはじめました。
何が起こったのでしょうか……147

第9章　キッチンを彩る道具とテクノロジー

台所用品

テフロン加工の調理器具に何もくっつかないのはなぜですか。それに、何に対してもくっつかないコーティング自体を、どうやって鍋にくっつけているのですか　153
高品質なフライパンの選び方を教えてください　158
包丁をマグネットラックで保管すると刃が傷むというのは、ほんとうですか　163
お菓子作り用のブラシを長持ちさせる方法はありますか　165
▼ペンキ用の刷毛《はけ》も実は同じもの
スプレーオイルの上手な活用法を教えてください　167
▼水入りスプレーも使い道いろいろ
レモンから最大限の果汁を搾る方法を教えてください　168
◎実験No.1・手順　◎実験結果と考察　◎実験No.2・手順　◎実験結果と考察　◎結論

作ってみよう29 レモンカード――果汁《ジュース》を利用して定番のジャムを……174
マッシュルームは水洗いすべきでないと言われますが、ほんとうでしょうか。
堆肥《たいひ》の中で栽培されているので不衛生だと思うのですが……176
作ってみよう30 秋のマッシュルームパイ――とびきり清潔なマッシュルーム……179
銀貨を使って毒キノコを見分けられるというのはほんとうですか……182
銅製の調理器具を長持ちさせる方法を教えてください……183

計量の問題

なぜアメリカでは液体用と粉用のカップが別々なのですか……185
調理用温度計を選ぶポイントを教えてください……190

鍋・コンロ・オーブン

圧力鍋は危険ではないですか。仕組みは、どうなっているのですか……193

IHコンロの仕組みはどうなっているのですか……197
「光で調理する」というふれこみのオーブンがありますが、ほんとうに光で調理ができるものなのでしょうか……199

ハイテク&ローテク

クラッカーにはなぜ、穴があいているのですか……204
放射線を食品に当てる「食品照射」は、安全ですか……208
冷蔵庫のそれぞれの部分（コンパートメント）について教えてください……218
謝辞……224
用語集……227

［本書について］

＊日本語版の制作に際して、日本の読者に有用と思われる情報を補足しました。

＊〔〕内は原注、〔〕内は訳注です。

＊脚注は、基本的には日本語版独自の補足情報です。ただし、「酸」「塩《えん》」などの化学用語の解説文は、巻末の「用語集」の解説文をベースにしたものです。

＊本書（第2巻）内の図表は日本語版独自のものです。

＊本書でとりあげられている食品・商品の多くは、日本でも入手可能です。日本で入手困難なものについては、その旨を記したり、英語表記を残したりしてあります。英語表記はインターネットでの検索などにお役立てください。

＊レシピの分量表記については、計量カップの容量が日米で異なることを考慮し、原著の「カップ」表記をすべて「cc」表記に換算・変更しました。

＊本書に掲載されている情報は、基本的に発行時のものです。

第6章

熱いもの、冷たいもの

火と氷

お宅の台所を見回してみてください。近代的な文明の利器であふれているでしょう。トースター、ミキサー、フードプロセッサー、電動泡立て器、コーヒーメーカー――どれもこれも、特定の目的のために、ときおり使うだけの電化製品です。

今度は、あなたが毎日使い、これなしでは生活ができないただ二つの家電を見てください。一つは熱を生み出し、もう一つは冷気を生み出す家電。調理用コンロと冷蔵庫です。この二つはフードプロセッサーなどと比べれば現代的家電とは言えないとお思いかもしれませんが、加熱調理と食品保存用の機器として人間が使い始めたのは、驚くほど最近のことなのです。

最初の調理用コンロは燃料（初期は石炭）を囲いの中に入れ、平らな台を熱して調理に使用するものでした。このコンロが特許を取得し、一〇〇万年以上に及んだ焚《た》き火による調理の終焉《しゅうえん》を告げてから、まだ三八〇年も経っていません。そして冷却手段として電気冷蔵庫が氷に取って代わったのは、本書の読者のなかにも覚えている方々がいるくらい最近のことです。

私たちは市場で買い求めた新鮮な食品を持ち帰ると、冷蔵庫に入れ、低温で保管することによって食品が腐るのを防ぎます。次に、調理用コンロの高熱を使って、食物をおいしく、消化されやすい状態にします。調理と食事が終わったら、残り物を冷蔵庫か冷凍庫に入れて保管することもあるでしょう。そしてまた、しばらくしてからそれを取り出して再加熱します。台所での食物の取り扱いは、文字通りではないにせよ「火」と「氷」を絶え間なく使うことで成り立っているようです。つい最近になって、ガスと電気でこの作業を行うようになったのです。

熱と冷気は食物に対し、どんなはたらきをしているのでしょうか？　その二つをどのようにコントロールすれば、最高の効果を得ることができるのでしょうか？　加熱しすぎれば食物が焦《バーン》げることがありますが、冷凍庫だって食物を……いや、そもそも「冷凍焼け《フリーザーバーン》」って、いったい何なのでしょう？　さらに、調理作業の基本中の基本、湯を沸かすときには何が起こっているのか？　そこには、あなたが思っている以上のことがあるのです。

熱いもの

冷たいものを食べれば痩《や》せる？

カロリーは「熱量」の単位だということは知っています。そしてカロリーを取りすぎると太ることも知っています。そこで質問なのですが、もし冷たいものだけを食べたら、太らないのでしょうか。摂取する熱量（カロリー）は抑えられると思うのですが。

カロリーは熱だけにとどまらない、もっとずっと幅広い概念です。あらゆる種類のエネルギーの量を表しているのです。その気になれば、疾走《しっそう》する大型トラックのエネルギーをカロリーで計測することだってできます。

何かを起こすことなら何でも、エネルギーです。「活力」と呼んでもいいでしょう。エネルギーには多くの形態があります。物理的運動（例：大型トラック）、化学的エネルギー（例：ダイナマイト）、核エネルギー（例：原子炉）、重力エネルギー（例：滝）、そしてもちろん、何よりもよく知られているエネルギーの形態、「熱」です。

あなたの敵は熱ではありません。エネルギーです。食物を代謝《たいしゃ》することによってあなたの体が取り入れる、生きるためのエネルギーの量です。あなたが食べているチーズケーキを代謝することで生まれるエネルギーが、冷蔵庫からテレビまで歩くために消費するエネルギーを上まわっていたら、体は余ったエネルギーを脂肪として貯蔵します。燃焼するときに多量の熱を発する可能性があるため、脂肪は高濃度のエネルギー貯蔵所と言われます。でも、ここで早合点しないように。「脂肪を燃焼させる」ことを約束する宣伝文句は、比喩にすぎないのです。火炎噴射器を使って減量できるわけではありません。

一カロリーはどのくらいのエネルギーで、また、代謝の際に「含有《がんゆう》する」（すなわち生み出す）カロリー数が食品によって異なるのはなぜなのでしょうか？

熱はエネルギーの形態として最も一般的なため、カロリーの規定は熱を基準にして行われます。つまり、水の温度を上げるのに、どれだけの熱量を必要とするかということです。具体的には、一カロリーは、一gの水を一℃上昇させるのに必要な熱量を指します。

どなたもご存じのように、食品の種類によって、私たちの体に与える食物エネルギーの量はさまざまです。もともと食物のカロリー含有量の計測は、酸素で満たした容器を水に浸《つ》け、その容器の中で実際に食物を燃やし、水温が何度上昇したかはかるという形で行われていました（この装置は熱量計といいます）。この方法で、一サービングのアップルパイを使い、何カロリーを発するかはかることもできます。

しかし、ひと切れのパイが酸素の中で燃やされて発生するエネルギーの量と、体内で代謝《たいしゃ》されて発生するエネルギーの量は、同じなのでしょうか？　驚くべきことに、これが同じなのですね。ただしメカニズムにはずいぶん違いがあります。代謝は燃焼よりもゆっくりとエネルギーを生み出しますし、ありがたいことに炎を発生させません（胸焼けも火は出ませんから）。とはいえ、大きく見れば起こっている化学反応はまったく同じです。食物に酸素を足せば、エネルギーとさまざまな反応生成物が生まれるということ。そして、化学反応がどんな形で起きようと、最初と最後の物質が同じなら発生するエネルギーの量も同じ、というのが化学の基本原則です。唯一の実質的な差異は、体内では食物は完全に消化されない、言いかえれば「燃焼」されないので、酸素の中での燃焼によって発するエネルギーの総量よりも、いくらか少なくなるという点です。

私たちが最終的に得るエネルギーは、平均すると脂肪一gからは九キロカロリー、タンパク質と炭水化物一gからは四キロカロリーになります。ですから近頃の栄養士は、研究室に駆けこみ、目についたものに手当たりしだい火をつけてまわる代わりに、一サービングに含まれる脂肪、タンパク質、炭水化物、それぞれのグラム数に九か四をかけて計算しています。

あなたの基礎代謝率――呼吸、血液の循環、食物の消化、組織の修復、正常な体温の維持、肝臓や腎臓などの機能保持だけに消費する、最小限のエネルギー量――は、体重一kgにつき、一時間あたり一キロカロリー。体重六八kgの男性なら一日あたり一六〇〇キロカロリーです。けれど、性別（女性は約一〇%少ない）、年齢、健康状態、体格、体型などによって、かなりの差が出てきます。

体重増加にはいろいろな原因がありますが、基礎代謝率を超える食物エネルギー摂取量が、運動（フォークを持ち上げるのは含みませんよ）によるエネルギー消費よりも、どのくらい多いかも要因の一つです。米国科学アカデミーが推奨する健康な平均的成人の一日あたり摂取量は、男性が二七〇〇キロカロリー、女性が二〇〇〇キロカロリー。体育会系の人はこれより多め、テレビを観ながらジャンクフード三昧《ざんまい》の人は少なめです。*

*基礎代謝率とカロリー摂取量より正確な数値の算出法は、1巻P25~26参照。

冷たくてカロリーの低い食品に望みを託す説は、ここしばらく、いろいろな形で飛び交《か》っていますが、残念ながら効果はないでしょう。私が耳にしたのは氷水を飲めば体重が減るという説で、根拠は、冷水を体温と同じ温度まで上昇させるために、カロリーの消費が必要になるからだといいます。たしかに原理上は正しいのですが、効果はあまりにも些細《ささい》です。グラス一杯（約二四〇cc）の氷水を体温と同じ温度まで上げるのに使うのは九キロカロリー未満で、脂肪一g相当の量にすぎません。ダイエットがそんなに単純なものなら、〝減量スパ〟には氷水のプールが設置されるでしょう（寒さで震えるのもエネルギーを消費します）。さらに残念なことに、ほとんどの物質は温度が下がると縮みますが、人間は縮まないのです。少なくとも、あまり長い間は。

脂肪を落とすための計算式

一gの脂肪は九キロカロリーですよね。ということは、一ポンド（約四五四g）の脂肪は四〇〇〇キロカロリー以上になります（約四〇八六キロカロリー）。ところが、先日読んだ記事には、一ポンドの脂肪を落とすには、三五〇〇キロカロリーの摂取を控えればいいと書いてありました。この差はどこから来るのですか？

私は栄養学者ではないので、ニューヨーク大学の栄養及び食品研究学科の学科長、マリオン・ネッスル教授に尋ねました。

「ファッジ・ファクター*ですね」教授は言いました。

最初に申し上げておきますが、脂肪一gのエネルギー量は、実際には九・五キロカロリーに近いのです。といっても、それでは差が大きくなるだけですね。実

＊ファッジ・ファクター　理論上の値と実際の値に生じる誤差を想定して、計算等にもたせる余裕や幅。

のところは、私たちが脂肪一gを食べて得るカロリーは、消化も吸収も代謝も完全ではないため、九・五キロカロリーよりもかなり少なくなるのです。これが一つのファッジ・ファクターです。教授は続けて、「体脂肪一ポンドあたりのカロリー数にも、ファッジ・ファクターが適用されます。これは、体脂肪のうち、実際に脂肪が占める割合は約八五%だけという事実に基づいた考えです」と答えてくれました。残りの一五%の中身は、結合組織や血管などです。

したがって、現実に存在する脂肪のかたまり一ポンドを落とすには、約三五〇〇キロカロリーを減らすだけですむというわけなのです。これが、いわば脂肪の収支決算です。

沸点が低い（標高が高い）場所での料理

近いうちにアメリカを離れて、夫と娘とともにボリビアのラパスに帰る予定です。ラパスは高地のため、料理のときに湯が沸騰するまで何時間もかかります。標高の違いによる加熱調理時間の目安はありますか。また、ラパスでは赤ちゃんをひとり養子にする予定なのですが、ラパスのような高地で哺乳瓶を煮沸《しゃふつ》しても殺菌効果はありますか。

ラパスの標高は、どの町にいるかによって海抜三二四六メートルから四〇三九メートルの幅があります。そして、あなたもご承知のように、標高が高くなるほど水の沸点は低くなります。水分子が液体から離れて空気中に蒸発するためには、大気の下向きの圧力に逆らわなくてはなりません。しかし高地のように気圧の低いところでは、あまり熱くならなくても水分子が蒸発できるため、沸点が下がるのです。

水の沸点は、海抜が一〇〇〇フィート（約三〇五m）上がるごとに一・〇五℃ずつ下がります。つまり、海抜一万三〇〇〇フィート（約四〇〇〇m）前後での沸点は約八六℃。七四℃以上ならほとんどの菌は死滅しますから、その点での問題はないでしょう。

調理時間については、食品によって違いがあるため一概には言えません。米や豆など、どの程度の時間をかけて調理するのか、地元の人たちに教えてもらうのがいいでしょう。もちろん、圧力鍋を飛行機に乗せてはるばるラパスまでお持ちになれば、あなた専用の高圧力状態を自由自在に作り出すことができます。

パンやお菓子を焼くのは、まったく別の話になります。まず、高地では水が蒸発しやすいので、生地や衣に水分を足す必要が生じます。また、ベーキングパウダーが発生させる炭酸ガスを抑えつけておく圧力が少ないため、ガスがケーキのてっぺんから抜けてしまい、ケーキはぺしゃんこになります。解決策として、ベーキングパウダーの量を少なめにする必要があります。こういう諸々の調整が非常に難しいのです。パンやケーキを焼くのは、地元のベーカリーやケーキ店にまかせることをお勧《すす》めします。

水とお湯。どちらが沸騰しやすい？

水から湯を沸かすよりも、お湯から沸かすほうが沸騰までに時間がかかるというのはほんとうですか。私の夫がそう言うのです。火にかけたとき、お湯は冷却の過程にあるからだそうです。そんなばかなと思います。でも、夫は大学で物理学の講義をとっていましたが、私はとっていないのです。

ご主人の物理学の成績はどうだったのでしょうね？　どうやら、あなたの直感《インテューイション》のほうがご主人の払った授業料《テューイション》より価値があるようです。正しいのはあなたで、ご主人はまちがっているからです。

でも、ご主人の考えていらっしゃることはわかります。きっと、物体の勢いに関することでしょう。物がすでに落下状態に――温度において、ということでしょう――あるとき、上昇に方向転換させるためには、余分な時間と労力が必要になるはずだ。まず、下降の勢いを止めなければならないから、と。

物体に関してはまったくその通りですが、温度は物体ではありません。天気予報で「気温が落ちるでしょう」と言っていても、地面にぶつかる音が聞こえるとは思わないでしょう？

温度は、物質に含まれる分子の平均速度を表すために、人間が考え出した表現手段にすぎません。なぜなら、物質を熱くするのは分子の速度だからです。分子の移動速度が速いほど、その物質は熱くなります。人間が物質の中に入って、一つひとつの分子の速度を測定することはできません。それで、温度という概念を創作したのです。便宜上《べんぎじょう》の数字にすぎないと言っていいでしょう。

湯の入った鍋の中では無数の分子が、水の入った鍋よりも速い平均速度で動き回っています。鍋を火にかけることで私たちが果たすべき任務は、さらに多くのエネルギーを分子に与え、さらに速く——最終的には沸騰できるだけの速さで動けるようにすることです。とすれば、温かい分子が冷たい分子ほど追加のエネルギーを必要としないのは明らかです。すでに、沸点というゴールへの途中まで達しているのですから。つまり、湯のほうが速く沸騰するということです。

私がそう言ったと、ご主人に言っておやりなさい。

鍋の蓋《ふた》をする／しない、どちらが沸騰しやすい？

鍋で湯を沸かすとき、蓋をするのとしないのと、どちらが速く沸くのでしょうか。私の妻は、蓋をしなければ大量の熱が失われるのだから、蓋をしたほうが速く沸くと言います。私は、蓋をしたら沸くのが遅くなると思います。蓋をすると、ちょうど圧力鍋と同じように、圧力が大きくなって沸点が上がるからです。正しいのはどちらですか。


奥さんの勝ちです。ただ、あなたの意見にも一理あります。

鍋の水が熱されて温度が上昇すると、水面の上に水蒸気がどんどん生まれてきます。これは、水の表面の分子がエネルギーを十分に溜《た》めて、次々と空気中に飛び出していくからです。水蒸気の量が増えつづけるとともに、水蒸気に運び去られるエネルギーの量も増えつづけます。このエネルギーは、水蒸気に誘拐されなければ湯の温度を上昇させていたはずです。さらに、湯が沸点に近づけば近づくほど水蒸気分子は多くのエネルギーを連れ去りますから、沸騰させるためには水蒸気分子を失わないことが、より重要になってきます。鍋の蓋は、この分子の損失をある程度防いでくれるのです。蓋がきっちり閉まっているほど、鍋に留《とど》めておける熱い分子は多くなり、湯は速く沸きます。

蓋をすると鍋の内部の圧力が増して圧力鍋のような状態になり、そのため沸点が高くなって沸騰するのが遅くなるという、あなたの主張は、理論上は正しいのですが、実際にはほぼ無意味です。直径二五cmの鍋を、一ポンド（約四五四g）のずっしりした蓋で隙《すき》なくふさいだとしても、それで上昇する内部の圧力は〇・一%未満。その結果、沸点は〇・〇〇一四℃高くなるにすぎないのですから。

スープストックが煮詰まらない。なぜ？

スープストックを煮詰めるのは、なぜあんなに難しいのですか。先日、子牛のスープストックをごく少量まで煮詰めてソースを作ろうとしました。でも、いつまでたっても煮詰まってくれないのです！

「水を蒸発させる」というのは、世界一簡単なことのように聞こえます。なにしろ、こぼれた水をそのまま放っておけば、かってに蒸発しますから。とはいえ、さほど温度の高くない部屋の空気からは、蒸発に必要なカロリーが水の中に流れこむ速度がゆっくりなため、時間がかかります。ストックの入った鍋を調理用コンロにかけて大量のエネルギーを送りこむ場合でさえ、「半量になるまで煮詰めてください」という、頭にくるほど簡単そうに書かれたレシピの指示通りにするには、一時間かそこらは弱火にかけなければならないでしょう。

余分な水を減らすのは、予想よりはるかに難しくてイライラするという点で、余分な脂肪を減らすのとまったく同じだと言えます。たとえ少量の水でも、蒸発させるには驚くほど多くの熱エネルギーが必要になるのです。

理由はこういうことです。

水分子は互いにしっかり結びついています〔水分子の結合の様子は1巻P60参照〕。そのため、液体の大部分から切り離し、蒸気として空気中に送り出すには、たいへんな労力が、つまり、大量のエネルギーの消費が必要になります。たとえば、一パイント（四七三㎖）の水を蒸発させるため——すなわち、水が沸点に達したあと、液体から蒸気に変えるために、コンロは二五〇キロカロリー以上を湯の中に送りこまなくてはならないのです。これは、体重約五七kgの女性が、一八分間ノンストップで階段を上るのに費《つい》やすエネルギー量です。たかだか一パイントの水を蒸発させるために。

もちろん、火力を強くして、熱を与えるスピードを上げることもできます。沸騰をつづけても液体の温度が沸点以上になることはありませんが、ブクブクと泡が立つ勢いが増し、泡とともに消える蒸気も増えるのです。ただしストックの場合は、あらかじめ濾《こ》して具材と分け、脂肪も取り除いてからでないとお勧めできません。そのままで沸騰させると、弱火で煮る場合とはちがって固形物は小さく砕《くだ》かれ、脂肪は小さな球の浮遊物になり、どちらも液体を濁《にご》らせます。速く煮詰まらせるには、口の広い、浅い鍋に移し替えるほうがいいでしょう。液体の表面積が広いほど空気に触れる面も多くなり、蒸発のスピードも速くなるのです。

料理に入れたアルコールの残留率

ワインやビールを加える料理では、アルコール分はすべて燃焼してしまうのですか。それとも、いくらか残るのでしょうか。もし残るなら、回復過程にあるアルコール依存患者など、厳格な禁酒をしている人には問題ですよね。

鍋で一晩煮こんだあと、ワインのアルコール分は失われるのか？
料理書の言葉を借りるなら、アルコール分はすべて燃焼するのか？
それとも、鶏肉の赤ワイン煮《コック・オ・ヴァン》を食べると、ほろ酔いになるのだろうか？
ワインやブランディを料理に使うとどうなるか。
極秘情報をお教えしよう。
液体の中には、必ずアルコール分が残っている。

多くの料理書は、加熱調理の過程でアルコール分はほぼすべて「燃焼」すると断言しています（「蒸発」のつもりなのでしょう。火をつけないかぎり燃えはしません）。一般的な〝解釈〟は、「アルコールの沸点は約七八℃だが、水は一〇〇℃に達するまで沸騰しないため、水が蒸発する前にアルコールは蒸発してしまう」というものです。

いえいえ、実際にはそんなふうにならないのです。

純粋なアルコールが七八℃で沸騰し、純粋な水が一〇〇℃で沸騰するのは事実です。だからといって、水とアルコールを混ぜてもそれが変わらないというわけではありません。水とアルコールは互いの沸点に影響を与え合うのです。水とアルコールの混合液の沸点は、七八℃と一〇〇℃の間のどこかです。ほとんどが水なら一〇〇℃に近くなり、逆にアルコールがほとんどなら七八℃に近くなります。どうかあなたの料理法が後者ではありませんように。

水とアルコールの混合液が煮立ったり沸騰したりして発生する蒸気は、水蒸気とアルコール蒸気の混合物で、いっしょに蒸発します。しかし、アルコールは水よりも蒸発しやすいので、蒸気中のアルコール比率は、液体に占めていた割合よりもいくらか高くなります。それでも、鍋の外に漂《ただよ》い出る蒸気が運ぶアルコール分は大した量ではないため、蒸気は純粋なアルコールからはほど遠い状態です。アルコールを飛ばす工程は、世間で思われているより、ずっと効率の悪いものなのです。

鍋に残るアルコールの正確な量は、あまりに多くの要因がかかわってくるため、どんなレシピにもあてはまる万能の答えはありません。しかし、次にご紹介するいくつかの実験結果は、ちょっとした驚きでしょう。

一九九二年、アイダホ大学とワシントン州立大学、そして米農務省の栄養学者のグループが、ある実験を行いました。まず、ブルゴーニュワインをたっぷり使って、ブルゴーニュ風牛肉の赤ワイン煮《ブッフ・ブルギニヨン》と鶏肉の赤ワイン煮《コック・オ・ヴァン》に似た二皿を、そしてシェリー酒を使って牡蠣《かき》のコキーユ〔グラタンの一種〕を作りました。次に、調理の前後でのアルコールの分量をはかりました。その結果、出来上がった料理には、食材の種類と調理法によって、最初のアルコール分の四~四九%が残っていることがわかったのです。

口の広い鍋で、蓋はせず、閉じられたオーブンの中ではなくガスレンジを使い、高温で、長時間加熱——これはすべて、水、アルコールどちらの蒸発量も増やす条件です——すると、当然と言えば当然ですが、アルコールがよく飛ぶこともわかりました。

炎を上げるチェリー・ジュビリー*やクレープ・シュゼットのトレイをうやうやしく捧《ささ》げもち、灯《あか》りを落としたダイニングルームに意気揚々と入って行きながら、この炎でアルコール分を残らず燃やしているのだとお考えですか？　考えを改めたほうがよさそうですね。一九九二年の実験結果によれば、炎が消えるまでに飛ばしているアルコール分は、わずか二〇%ほど。蒸気中のアルコール比率がある程度以上なければ、炎が上がった状態を維持できないからです。アルコール度数の高いブランディを使い、熱してアルコール蒸気を大量に発生させなければ、炎が上がらなかったことを思い出してください（たとえばワインは燃やせません）。アルコール分がまだかなり料理の中に残ってはいるけれど、ある程度まで落ちた状態になると、蒸気はもはや可燃性ではなくなり、炎ははかなく消えていきます。落ちぶれてゆく芸能人の姿を見るようです。

さて、あなたがお客様をもてなすにあたって、このような実験結果をどの程度参考にすべきでしょうか？

考慮に入れるべきなのは、希釈《きしゃく》係数です。六人分の鶏肉の赤ワイン煮《コック・オ・ヴァン》のレシピでワイン七二〇

*チェリー・ジュビリー　バニラアイスクリームにダークチェリーを載せ、ブランディかキルシュでフランベするデザート。

ccを使い、三〇分煮こめば約半分のアルコールを飛ばせる（実験の結果はこう出ています）とすると、一人分の皿にはワイン約六〇cc分のアルコールが残ります。ところが、同じワイン七二〇ccを使ってブルゴーニュ風牛肉の赤ワイン煮《ブッフ・ブルギニヨン》六人分を作る場合、三時間半煮こむ間に（実験結果によると）九五％のアルコールが飛ぶため、一人分のアルコール量は、ワイン約六cc分相当にすぎません。

もちろん、少量とはいえ、アルコールはアルコール。口にしていいかどうかは自分で判断しましょう。

真夏の歩道で目玉焼きを作れる？

目玉焼きができるくらい歩道が熱くなることは、ほんとうにあるのでしょうか。

まずないでしょう。しかし、科学的見解というものは、古くからの都市伝説を実証しようとする人々を思いとどまらせることはできないようです。

私が大都会で過ごした子ども時代、まだエアコンもなかったあの頃、〝夏枯れ時〟になると、少なくとも一社の新聞は「歩道で目玉焼き」の記事を捏造《ねつぞう》したものです。〝夏枯れ時〟は、銀行強盗の連中でさえバテてニュースのネタを作ってくれず、新聞記者が暇でしかたのない猛暑の時期のことです。いずれにしても、私の記憶しているかぎり、誰もまだ、歩道で目玉焼きという芸当を成功させてはいません。

それにもめげず、アリゾナ州モハーベ砂漠にある古い鉱山の町オートマンでは、一五〇〇人の住民が参加して「太陽光で目玉焼きコンテスト」が開催されています。このコンテストは毎年七月四日に、伝説の国道、ルート66の道路脇で行われています。オートマンの由緒正しき目玉焼きコーディネーター、フレッド・エック（できすぎの名前！）氏によれば、一五分の間に、日光だけで卵を最も火の通った状態にした参加者が優勝だそうです。

このコンテストでは実際に目玉焼きができたことも何度かありますが、虫眼鏡、鏡、アルミの反射板といった小道具を使っていいルールなのです。それは、ずるい。卵を道の上に直接割り落とし、ただそのまま置いておくのが本道というものです。

二年ほど前、私はテキサス州オースティンに滞在していました。ちょうど酷暑の時期だったので、光学機器や何らかの装置を使うことなく、歩道で目玉焼きを作るのが可能かどうか突きとめることにしました。意義ある結果を引き出すためには、歩道の温度をはかることが必要です。幸いにも私は、非接触温度計というすばらしい最新機器を携行《けいこう》していました。これは小さな銃の形をしていて、何かの表面に向け、ひきがねを引くと、華氏《かし》〇度（摂氏マイナス一七・八度）から五〇〇度（摂氏二六〇度）の間なら、表面の温度を一瞬で読みとれるのです。私が持っている非接触温度計は、何かの表面から放射された赤外線、あるいは反射された赤外線、もしくはその両方の放射量を分析する仕組みになっています。分子の温度が高いほど、赤外線放射量は多くなります。この温度計があれば舗装《ほそう》された道路での調理実験も楽々です。目玉焼きを作るのに必要な温度が、私にはすでにわかっていましたから。このまま読み進めてくだされば、あなたもおわかりになりますよ。

暑さのひときわ厳しいある日、私はさまざまな種類の歩道、ドライブウェイ（民家の前の私道）、駐車場の真昼の温度をはかってまわりました。ほんものの銃を向けているように見えて、テキサスの人たちをぎょっとさせないように努めながら。

地表の温度は、予想はついていましたが、表面の色の濃さによってかなり差が出ました。アスファルト舗装された道路はコンクリートよりもずっと高温になっていました。これは、黒っぽい物体のほうが多くの光線を吸収し、したがって多くのエネルギーを吸収するためです。そこで、アウトドア目玉焼きに関する重要ポイントを一つ：歩道よりも、アスファルト舗装された道の真ん中のほうが有利である。

気温は三八℃前後を行ったり来たりしていましたが、コンクリートで約五二℃、アスファルトで約六三℃（この数字を覚えておいてください）よりも熱い表面は見つかりませんでした。どちらのケースも、太陽が雲の後ろに隠れると、ほぼすぐ、温度は急激に落ちました。道路の表面からの赤外線放射の大部分は単なる太陽放射の反射だからです。明るい色合いで光沢のある金属性の表面は、あまりに大量の太陽放射を反射するため、非接触温度計で正確な温度を読み取ることができないくらいです。

いよいよ、重大な実験のときが訪れました。あらかじめ卵は冷蔵庫から取り出し、室温まで温めてありました。時刻は正午、場所はアスファルトで舗装された駐車場。卵の殻を割り、六三℃の地面に中身を落としました。アスファルトの表面の温度を下げてはいけないので、調理油は使いませんでした。そして、待ちました。

さらに待ちました。

けれど、通行人からうさんくさげな視線を向けられたことを除けば、まったく、何も起こりませんでした。しいて言えば、卵白の縁《ふち》の部分がわずかに粘度を増した程度で、加熱調理とは似ても似つかない状態でした。でも、どうしてだろう？

まず、熱くなった表面に接しているのは卵白だけ――卵黄は卵白の上に浮いている――ですから、問題は白身に火が通るのに必要な温度です。しかし、そもそも「火が通る」って、何を意味するのでしょうか？　卵白は数種類のタンパク質でできていて、熱から受ける作用も、凝固する温度もそれぞれ異なるのです。（もっと単純明快な答えを期待していました？）

しかし殻の中で起こるのは、煎《せん》じ詰めればこういうことです。卵白は約六二℃で粘りが出始め、六五℃で流動性を失い、六七℃でかなり固まった状態になります。一方、卵黄は六五℃で粘り始め、七〇℃で流動性を失くします。つまり、卵全体に火を通して、とろとろの部分がまったくない目玉焼きにするためには、卵白も卵黄も七〇℃に達し、凝固反応がゆっくり起こるのに十分な時間、その温度を維持する必要があるのです。

残念なことにこの温度は、常識的に考えて可能な地表温度をかなり超えています。しかしもっと重要なのは、六三℃の地面に二一℃の卵を割り落とすと、火にかけたフライパンとちがって下からの継続的な熱補給がないため、地表面の温度が大幅に下がるということです。また、舗装された道路は熱伝導性が非常に乏しいため、周囲から熱が流れこむこともありません。そんなわけで、駐車場の黒いアスファルトの表面は、猛烈に暑い日には凝固温度の七〇℃近くになるかもしれませんが、その上で目玉焼きを作るのは、永遠に真夏の夜の夢のままでしょう。

あ、ちょっと待って！　駐車場に、ダークブルーの一九九四年型フォード・トーラスのステーションワゴンがありました。太陽に灼《や》かれたルーフの温度は八一℃。卵白と卵黄の両方を凝固させるのに十分すぎる温度です。しかも、スチールは熱伝導性に優れていますから、ルーフの他の部分から卵に伝わってくる熱で、その温度が維持されるはずです。道路ではなく、車なら勝算ありと見ました。

実際、この実験のことを新聞のコラムに書いたところ、ある読者から情報が寄せられました。第二次世界大戦に関するドイツのニュース映画を観ていたところ、二人のアフリカ軍兵士が戦車の泥よけの上で目玉焼きを作っていたというのです（ありがたいことに、オースティンの道路には戦車は見当たりませんでした。ＳＵＶ車が何台か近づいてきただけで）。そのときのようすを、読者はこう描写しています。「二人の兵士は泥よけの一部分をきれいに拭《ふ》き、そこに油を少し注いで塗り広げ、卵を二つ割り落としました。すると、僕がフライパンで焼くときと変わらない速さで、白身は不透明な白さに変わりました」

気象年鑑を調べると、これまでの観測史上最高気温は一九二二年九月一三日、リビアのアル・アジジアで記録された五七・八℃だとわかりました。ドイツ軍の戦車から遠くない場所です。

別の読者からは、友人数名といっしょに目玉焼きを作ったことがあるという報告が来ました。場所はアリゾナ州テンペ。友人宅近くの歩道で、気温は五〇℃。ただし、歩道の温度ははかっていなかったそうです。

「卵は冷蔵庫から出したばかりでした。直接、歩道に割り落とすと、すぐに白身に火が通り始めました。そして、一〇分もしないうちに黄身が割れて（中略）白身の上に広がり、やがて卵全体に火が通りました。卵黄が割れたのは偶然かもしれないと思い、もう一個の卵で試してみたら、だいたい同じくらいの時間で黄身はまた割れてしまいました」

なぜ卵黄が割れて、文字通り道路で目玉焼きを作る可能性をつぶしてしまったのか？　もちろん、それを解明するのが私の役目です。私としては推測するしかなかったのですが、手紙の続きにヒントがありました。

「私たちは家の中に戻りました。しばらくすると友人が、主人が帰ってくる前に道路の卵を片づけなければと言うので、もう一度みんなで外に出ました。すると、卵は完全に乾燥して粉々になり、アリの群れがそれを運んでいたのです。私たちが片づけるものは何もありませんでした」

そういうことか！　答えはここにありました。乾燥です。アリゾナでは湿度がゼロに等しくなることもあり、液体は瞬時に蒸発して干上がってしまいます。卵黄の表面が乾燥して砕《くだ》けやすくなり、パックリ割れてしまって、まだ液状だった中身がこぼれ出たにちがいありません。やがて卵全体が干からびて、湖が干上がって乾いた泥がひび割れるように、砕けて小さなかけらになりました。かけらは幸運なアリたちが運ぶのにちょうどいいサイズで、アリたちはせっせと運んでアフタヌーンティーを楽しみましたとさ。

科学の何がすばらしいって、誰も知る必要のないことまで説明できてしまうところですね。

炭火とガスの火。長所と短所

どんな火でグリルするのが、いちばんいいのでしょうか。炭火ですか、それともガスの火ですか。

答えは明快、「ケースバイケース」です。外はパリパリ、中はジューシーなチキンは、炭火でもガスの炎でも、同じようにうまく焼くことができます。

どんな形の加熱調理でも、大事なのは、食材が最終的にどれだけの熱を吸収するかということです。それで火の通り具合が決まるのです。グリル調理の場合、食材をきわめて高い温度に短時間さらすことによって必要な熱量を送りこみますから、調理時間のわずかな差で、ジューシーな肉に焼きあがるか、消し炭ができるかの違いが生まれます。

　しかし、グリル調理で何がいちばん厄介かというと、温度調節がしにくいことです。ガス火は簡単に調整できますが、炭火で焼く場合、食材を高温のほうに移動させたり低温のほうに移動させたり、グリルの網を上げたり下げたり、火力を強めるために炭を一か所に固めたり、弱火にするために炭をばらしたりという見苦しい動作で、ひっきりなしに温度を調節しなければなりません。また、蓋つきのグリルかそうでないかによって、やり方も違ってきます。

　どんな火も二つのものから生まれます。燃料と酸素です。もし十分な酸素がなければ不完全燃焼になり、燃えなかった燃料は煙や黄色っぽい炎として姿を現します。黄色い色は、高温加熱で白熱化した未燃焼の炭素粒子から生まれています。また、一〇〇％の完全燃焼はありえませんから、二酸化炭素ではなく、少量の有毒な一酸化炭素も発生します。だから、あなたの携帯用バーベキューコンロがどんなに小型で可愛くても、ぜったいに屋内でバーベキューやグリルをしてはいけないのです。

　調理には完全燃焼が必要ですから、燃料が十分な空気を受け取ることが不可欠になります（燻《くん》製《せい》食品は、加熱した木材を意図的に酸素不足の状態にして製造します）。きちんと調整されたガスグリルは、ガスはバーナーに届く途中で、適切な量の空気と混ざるようになっています。けれど木炭グリルの場合は、換気口を操作しなければなりません。

原始時代の人間が火を発見し、はじめてマンモスのハンバーグステーキをグリルしたときの燃料は、まちがいなく木材だったでしょう。しかし木材には、樹脂や樹液のように完全には燃焼しない物質が含まれているため、くすんだ炎を発生させます。広葉樹はそういった物質が少なく、昔ながらの燃料にまさるものはないと信じ、炭火独特のスモーキーな風味を重んじるこだわり屋は今も広葉樹を好んで使います。

たいていの人が燃料に関して質問するのは、燃やすのは炭かガスか、そしてもちろん、何に入れて燃やすのかということです。せせこましいところで使える携帯用バーベキューコンロから、尾翼《びよく》とレーダー以外は何でも装備していそうな郊外向けの巨大グリルまで、最近の機器は多岐に渡っています。

木炭は木材を高温で加熱して製造しますが、燃焼はしないように空気のない状態で行います。樹液と樹脂はすべて分解、または蒸発し、あとには、ゆっくり、静かに、クリーンな燃焼をする、ほぼ純粋な炭素が残ります。原料の木材の形を留めている自然の広葉樹木炭は、添加物はいっさいなく、食材に不快なにおいが移ることもありません。一方、いわゆる豆炭《まめたん》は、おがくず、廃木材、石炭の粉などを粘結剤《ねんけつざい》で固めたものです。しかし、石炭は純粋な炭素からはほど遠く、各種の石油系化学物質が含まれていて、その煙が食材の風味に影響を及ぼします。

燃料のなかで最もクリーンに燃焼するのはガスで、ボンベで販売されるプロパンガスと、ガス管を通って家庭に送られる、いわゆる天然ガス（メタン）があります。ガスグリルはそれぞれに対応した機種が作られています。ガスにはこれといった不純物は含まれておらず、基本的に、燃焼して発生するのは二酸化炭素と水だけです。

しかし、誰もが絶賛する「炭の風味」はどうなるのでしょう？　ガスの炎でグリルして、得られるのでしょうか？

実は、グリルしたときのすばらしく香ばしい風味を生み出すのは、炭ではありません。極度の高温で焼かれたために、食材の表面で起こる非常に強い褐色化《かっしょく》なのです。また、溶けた脂肪が、真っ赤に熱した豆炭や、ガスグリルの溶岩石プレートや、磁器の炭受け網などの熱い表面にしたたり落ちて蒸発し、その煙が上方に戻って食材の表面で凝結することからも生まれます。

しかし、あまりに多くの脂肪がしたたり落ちると炎が上がり、これは好ましいことではありません。脂肪はすぐれた燃料ではありますが、完全燃焼するだけの時間も酸素もないため、すすけた黄色っぽい炎が食材を嘗《な》めて黒焦《こ》げにし、恐ろしい化学物質と不快な風味を残します。ステーキを焦がさないためには、あらかじめ大部分の脂肪を切り落としておくことです。それでも炎が上がってしまったら、火がおさまるまで肉を脇に寄せておきましょう。

炭火をおこすのは厄介なものです。どんな燃料も燃え始めるのは、燃料の一部が気化するのに十分な熱さになってからです。そうなってはじめて、燃料の分子が空気中の酸素分子と混ざり合い、燃焼と呼ばれる、発熱をともなう化学反応を起こすのです。いったん燃焼反応が起こると、そこから発生する熱がどんどん燃料を気化させつづけ、すべての工程が自動的に継続するようになります。

ガスは、言うまでもなくすでに気化されていますから、必要なのは点火のための火花かマッチだけです。しかし炭火グリルの場合、肝心要《かんじんかなめ》の最初の気化を起こすために、木炭を十分な熱さにするという難題がついてまわります。そこで着火剤《ちゃっかざい》の出番です。液体着火剤は石油系で、ガソリンと燃料油の中間のような液体です。点火する前に、木炭に染みこむまで一分ほど待てば、ガスの大部分が吸収されます。しかし私に言わせれば、木炭は臭気吸着性《しゅうききゅうちゃくせい》の世界チャンピオンですから（浄水器やガスマスクに使用されています）、着火剤のにおいは完全に消えてくれないのです。電気を使うタイプのスターターは、時間はかかりますが機能はすぐれているので、電気のコンセントが使える場所ならおすすめです。しかし、もう一度言わせてもらえば、炭火をおこすのに最適な方法は、新聞紙を燃料にする煙突型のチャコール・スターター（炭火おこし器）＊です。速くて、しかも無臭。新聞紙を詰めた上から木炭を入れ、新聞紙に火をつけるだけ。一〇分から一五分もすれば木炭は真っ赤に熱して、グリルの中に放りこまれるのを待つばかりです。

さて、あなたにとって火急《かきゅう》の問題は、ガスと木炭、どちらの燃料がすぐれているのか？　ということでしたね。どちらの方法にも支持者がいるのですが、個人的には、二つの理由から木炭のほうがいいと思っています。理由その一。市販の

＊チャコール・スターター（炭火おこし器）
図6―1

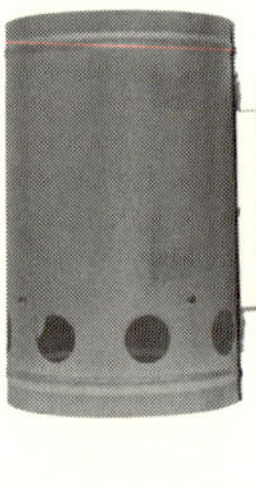

ガスグリルには、ジッポのライターと大して変わらない貧弱な火力のものがあまりに多いから。理由その二。木炭を燃やしても二酸化炭素が発生するだけだが、ガスを燃やすと二酸化炭素と水蒸気が発生するから。実験こそしていませんが、水蒸気のせいで、食材は木炭の炎で焼いたときほど熱くならないと思われます。グリルを成功させる絶対条件が高温の乾いた熱であることを考えれば、木炭の勝ちでしょう。

作ってみよう21

野菜畑のロースト――オーブンで作る〝グリル〟風焼き野菜

屋外でのグリルは肉や魚には最高ですが、ほとんどの野菜は面倒なことになりがちです。焼き網に載せると、隙間からぽろぽろと火の中へ落ちる。串に刺すと、ここが焦げてると思えばあそこは蒸し焼き状態。

野菜は高温のオーブンでローストするほうが、ずっと簡単です。おいしそうな焦げ目がついた柔らかな野菜は、まるでグリルしたような風味で、しかもはるかに甘い。色鮮やかな野菜を取り揃えてローストし、口が広くて浅めの耐熱皿かキャセロールなど、ローストした容器のままで食卓に出すのもいいでしょう。あるいは、天板で焼いて皿に移してもかまいません。野菜の種類は多くても、サイズを同じくらいにしてありますから、同じ時間でうまく焼きあがります。

〔材料〕 4人分

タマネギ（甘みの強いものが望ましい。皮をむいて、上に十字に切り目を入れる） 大2個
赤パプリカ（半分に割って、芯と種を除いたもの） 1個
黄パプリカ（半分に切って、芯と種を除いたもの） 1個
グリーンズッキーニ（へたを取ったもの） 中1個
黄かぼちゃ（へたを取ったもの） 中1個
プラムトマト（熟したもの、半分に切って種を除いておく） 4個
ニンジン（皮をむいたもの） 大3本
アスパラガス（太いもの、茎の固い部分は切り落とす） 6本
ニンニク（丸ごと、上部を切り落としたもの） 1個
エキストラヴァージン・オリーブオイル
粗塩

タイムの小枝とバジルの葉（飾り用）

1. オーブンを200℃に温めておきます。野菜類を洗い、浅くて大きめの、テーブルにそのまま出せるような美しい耐熱皿に見栄えよく盛りつけます。あるいは天板に重ならないように並べてください。オリーブオイルを全体に回しかけます。

2. オーブンの下段に入れ、50分から1時間ほど、野菜の縁に少し焼き色がつくまで焼きましょう。耐熱皿、あるいは天板を取り出し、野菜を冷まします。

3. 天板を使った場合は、盛りつけ用の大皿に野菜を移します。きれいに盛りつけるには、タマネギを4つに切り分けます。指でパプリカの皮をはぎ、実を大きく切り分けます。ズッキーニ、かぼちゃ、トマト、ニンジンはぶつ切りか細切りにします。アスパラガスとニンニクはそのままで。たまった汁は捨てずにすべてスプーンで野菜の上にかけ戻しましょう。

4. エキストラヴァージン・オリーブオイルを回しかけ、塩を振りかけて、最後にハーブを飾ります。いただくときは室温か、または温めて、重量感のある素朴なパンをスライスし、トーストしたものを添えましょう。トーストには、焼いて柔らかくなったニンニクを塗っていただきます。

冷たいもの

解凍のコツ

冷凍食品を解凍するための、いちばん速くて、いい方法は何ですか。

わかりますよ、あなたのお気持ち。一日働いて、くたくたに疲れて帰ってきた。料理をする気になんて、とてもなれない。かといってレストランに出かけるのはわずらわしい。そんなとき、頼りたくなるのは？

もちろん、冷凍庫です。そして頭の中で小さな声が、アメフトファンの応援コールさながら、こう唱え始めます。「かーいとう！　かーいとう！」

そこであなたは冷凍庫の中の資産をチェックします。容器の中身ではなく（「なんでラベルを貼っておかなかったんだろう？」）、最短時間で解凍できそうなのはどれかを気にしながら。

あなたの選択肢は次の通り。

（a）郵便物に目を通すあいだ、冷凍食品の容器をキッチンカウンターの上に置いておく。
（b）キッチンシンクに水を溜《た》め、凍った容器を浸《ひた》す。
（c）最善にして最速のメソッドを使う（のちほど正体をつまびらかにしますが、えっ!?　と驚くことまちがいなし）。

市販の冷凍食品については、パッケージの指示にしたがってください。自社製品を一般家庭の台所で解凍する最善の方法を決めるために、どれだけ大勢の家政学者や技術者が身を削《けず》る思いで働いたことか。彼らを信じましょう。

市販の冷凍食品のパッケージに書かれた解凍方法には、電子レンジを使用したものがよくありますが、これは家庭で冷凍した食品の解凍にはあまり向いていません。どうしても食品の外側の部分に火が通りはじめてしまうからです。

ところで、「冷凍食品」という名称は、ある意味で間違いです。厳密に言うと冷凍は、ある物質を、その物質の凝固点（氷点）以下に冷却することにより、液体から固体に変えることを指します。しかし肉や野菜は、冷凍庫に入れられる段階ですでに固体です。肉や野菜に含まれる水分が凍って微小な氷の結晶（氷晶《ひょうしょう》）になり、この氷晶が食材全体を固くしているのです。つまり解凍作業とは、氷晶を融かして元の液体に戻すことです。

では、氷の融かしかたは？　それはもう、熱する以外にありません。そこでまず突き当たる問題が、低温の熱源を見つけることです。「低温の熱」が矛盾した表現に思えたら、温度と熱はまったくの別物だということを理解してください。

熱はエネルギーです。動いている分子が有するエネルギーです。どんな分子もある程度は動いていますから、熱はどこにでもあり、どんなものの中にもあります。角氷《かくひょう》（アイスキューブ）でさえ熱を含有しています。熱々のポテトほどではないにしても、多少はあるのです。

他方の温度はというと、すでにご指摘しましたように、分子の移動速度を表すために、われわれ人間が便宜的に使っている数字にすぎません。たとえば物質Aの分子の平均的な移動速度が、物質Bの分子の速度を上回っている場合、物質Aは物質Bよりも温度が高い、あるいは熱いと表現されます。

熱エネルギーは、温かいほうの物質から、隣接する冷たいほうの物質へ自動的に流れていきます。温かい物質中の動きの速い分子が冷たい物質中の分子に激しくぶつかり、ぶつかられた分子の動きを速くするからです。だとすれば、冷凍食品を最も速く温める方法は一目瞭然。熱したオーブンの中の空気など、熱い物質と接触させることです。ところがその方法だと、食品の内部に十分な熱が届く前に、外側の部分に火が通ってしまうのですね。

熱いオーブンの中の空気に比べれば、お宅の台所の空気はとても穏やかな温度ですが、それでも、冷凍食品を融かすのに十分な熱が含まれています。では、冷凍した食品を、そのまま室温で置いておけばいいのでしょうか？　それはだめです。空気の熱伝導率は最低と言っていいほど低いため、空気中の熱が食品に移動するまで時間がかかりすぎます。空気の分子は互いに離れすぎていて、他の分子とぶつかり合うことが難しいのです。また、先に融け始める食品の外側部分に細菌が繁殖するおそれがありますから、室温解凍は危険です。

水に浸《つ》けるのはどうでしょうか？　水は分子どうしがくっついているため、熱伝導体として空気よりもはるかにすぐれています。食品のパッケージが防水なら（確信がなければ、ジッパー式の保存袋に入れて空気を押し出してからジッパーを閉め、密封状態にして）、ぜひ、水で満たしたボウルに――チキンや七面鳥一羽まるごとならシンクか浴槽に――浸けてください。凍った鳥は水をさらに冷たくしますから、三〇分に一度くらい水を取り替えれば解凍はさらに速くなります。

さて、いよいよ最速の解凍メソッドを披露するときが来ました。それは、包みから取り出した冷凍食品を、冷たいままの厚手のフライパンに置くことです。そう、冷たいまま。金属はすべての物質のなかで熱伝導率のチャンピオンです。その理由は、ぶつかり合う分子よりも、さらにエネルギーの伝達性にすぐれた自由電子を無数に持っているからです。金属のフライパンは、室内の熱を実に効率よく冷凍食品に伝え、記録的なスピードで解凍してくれます。厚みのある金属は一分あたりの伝達熱量が多くなりますから、フライパンは重ければ重いほどいいでしょう。ステーキやチョップなどの平らで薄めの食品は、フライパンにぴったり接触するため、最も速く解凍できます。食品を冷凍するときには、このことを思い出してください（丸みがあって嵩《かさ》の高いロースト肉のかたまりや、まるごとのチキンや七面鳥などは、フライパンで解凍してもキッチンカウンターの上と比べてさほど速くはありません。いずれにしても、細菌が繁殖する危険性を考えると、どちらの方法もお勧めはできません。水に浸けるか、冷蔵庫で解凍してください)。ついでに申し上げると、ノンスティック加工のフライパンは、コーティングの熱伝導率が低いので解凍効果はありません。鉄製のフライパンも、多孔質《たこうしつ》のため油が染みこんで皮膜《ひまく》ができていて、効果は期待できません。

私がこのフライパン戦術を発見したのは、通販や調理器具店で販売している〝奇跡の〟解凍プレートを使って実験をしていたときでした。世間では〝空気中の熱を取りこむ〟ことができる〝最先端技術を駆使した宇宙時代の超伝導合金〟製だと言われている各種解凍プレート。ところが宇宙時代の合金は、何のことはない、ふつうのアルミニウムでした（分析済み）。しかも、〝空気中の熱を取りこむ〟方法はアルミ製のフライパンとまったく同じ、原理もまったく同じです。

結論。嵩《かさ》の高い食品は水に浸け、冷凍したステーキや魚の切り身は厚手のフライパンに載せましょう。そのあと、「さてと、冷凍グリーンピースはどこに入れたかな?」とつぶやく間もなく、解凍は終わっているでしょう。いや、ちょっと大げさかな。でも、あなたが思うよりずっと速いことはたしかです。

ペイストリーの生地作りに大理石が推奨される理由

料理本には、タルトなどに使うペイストリーの生地は大理石の台の上で延ばすのがいいと書かれています。どうしてですか。

パイやタルトなどに使うペイストリー生地を延ばすときは、冷えた状態を保つ必要があります。さくさく感を出すための油脂――多くの場合、バター、ラード、そしてショートニングなど固形の脂肪――が溶けて粉に染みこまないようにするためです。もし溶けてしまうと、焼きあがったパイクラストは段ボールのような食感になるでしょう。さくさくしたペイストリーは、幾重《いくえ》にもなる生地の薄い層が、脂肪の層によって隔《へだ》てられているときに生まれます。オーブンの中で、互いに離れた生地の層が膨らみ始め、脂肪が溶ける頃には、生地から出た蒸気の力でそれぞれの層は完全に離れた状態になっています。

生地を延ばす台として大理石が薦められるのは、料理書によれば、大理石は〝冷たい〟からだそうです。しかしこれでは、温度という概念をずさんに扱いすぎです。正確にいえば、同じ部屋にある他のものと比べて、大理石は少しも冷たくはないのですから。

でも、とあなたは抗議なさるでしょう。大理石を触ると冷たく感じるよ、と。その通りです。そして包丁の刃も、深鍋、浅鍋、皿も一つ残らず、触れば冷たく感じます。今すぐ台所に駆けこんで（大丈夫、待っててあげます）、何でもいいから手にとって、いや、猫はだめですけどね、額にあててごらんなさい。あれえ、何もかも冷たく感じる！　いったい何がどうなっているのでしょうか？

どうなっているかというと、あなたの皮膚の温度は約三五℃、それに対して台所とその中にあるすべてのものの温度は二〇℃前後なのです。現実に自分の皮膚よりも一五℃冷たいものを触って、冷たく感じたからといって、何を驚くことがあるでしょう? 台所にある物に触れると、熱はあなたの皮膚からその物体に流れこみます。熱はつねに、温度の高いほうから低いほうへ流れますから。熱を奪われたあなたの皮膚は、「なんだかとっても冷たく感じる」というメッセージを脳に送ります。

つまり、その物体が冷たいわけではなく、あなたの皮膚が熱いということです。「万物は相対的なものである」とアインシュタインは……言いませんでしたが。

とはいえ、たとえ何もかもが室温と同じ二〇℃であっても、どれもが同じように冷たく感じられるわけではありません。すみませんがもう一度、台所にお戻りください。スチール製の包丁の刃は、そうですね、たとえば木製のまな板よりも冷たく感じられるはずです。では、実際に包丁のほうが冷たいのでしょうか? いいえ、そんなことはありません。この二つの物体はずっと同じ環境にあったわけですから、同じ温度になっています。

額にあてたとき、スチール製の刃が木製のまな板よりも冷たく感じられるのは、すべての金属同様、スチールは熱伝導体として木よりもはるかにすぐれているからです。あなたの皮膚に触れたとき、スチールは木よりもずっと速く皮膚の温度を室内に伝達し、その結果、皮膚を速く冷やすのです。

大理石は金属ほど優秀な熱伝導体ではありませんが、木やプラスチック化粧板のキッチンカウンターと比べれば、熱伝導率は一〇倍から二〇倍です。大理石に熱を奪われたせいで皮膚に冷たく感じられるのと同じように、ペイストリー生地を延ばす作業で発生した熱を大理石は素早く奪うため、生地にも冷たく感じられます。だから、ショートニングが溶け出すほど生地が温まることはないのです。

ええ、ええ、わかっていますよ、自分が細かいことを突つきまわしているのは。触れると冷たく感じられ、ものを冷たくする作用を及ぼし、とにかく冷たさに貢献してくれるものを、なぜ「冷たい」と言ってはいけないのか、とおっしゃる？　どうぞ、ご遠慮なく。大理石は冷たい、と言ってください。それが厳密には正しくないと知っていることに、密かな快感を覚えながら。

作ってみよう22

簡単エンパナーダ——〝冷たい〟台で延ばしたペイストリー

エンパナーダはスペイン語で「パンで包んだ」という意味で、語源はパンを意味する〝pan〟です。これはちょっとまぎらわしくて、というのは、現代のラテンアメリカでエンパナーダといえば、中に具を入れたペイストリーのことだからです。小麦粉やコーンミールで作ったペイストリーに、ありとあらゆるものを詰め物として入れますが、肉類と魚介類が多いようです。ターンオーバー（詰め物をした半円形のパイ）やミートパイもエンパナーダに含まれますし、オーブンで焼くものも、油で揚げるものもあります。ラテンアメリカの国には、それぞれ独自のエンパナーダがあるのです。調理台を組み立てラインのように整えておけば、手早く作ることができます。

このレシピでは、ホームメイドのペイストリークラストの代わりに、市販のパイシートで伝統的な詰め物を包みます。これで生地を作る手間が省けます。しかし、パイ生地の扱いでとくに大事なのは、大理石のように〝冷たい〟台の上で延ばすことです。大理石が手元になければ、木のまな板の上で、できるだけ手早く延ばしてください。

冷凍パイシートは、スーパーマーケットの冷凍食品コーナーにあります。牛肉の代わりに、七面鳥か鶏の挽肉《ひきにく》を使ってもいいでしょう。

〔材料〕18個分

冷凍パイシート　約500g

オリーブオイル　大さじ1

玉ねぎ（みじん切り）　120cc

赤パプリカ（みじん切り）　120cc
ニンニク（みじん切り）　1かけ
赤身の牛挽肉　約450g
中力粉　小さじ2
チリパウダー　大さじ1
塩　小さじ1
唐辛子（フレーク状のもの）　小さじ½
オレガノ（乾燥）　小さじ½
クミン（粉末）　小さじ½
クローブ（粉末）　小さじ¼
挽きたてのコショウ（お好みで）
ケチャップ　大さじ3
卵黄　Lサイズ1個分（大さじ1の水と混ぜる）

1. 冷蔵庫で冷凍パイシートを8~12時間かけて解凍します。
2. 大きめのスキレットを強めの中火にかけてオリーブオイルを熱し、玉ねぎとパプリカを柔らかくなるまで5分ほど炒めます。ニンニクを加え、さらに1分炒めます。

さらに挽肉を加え、色が変わりそぼろ状になるまで5分ほど炒めてください。出てきた脂は取り除き、火からおろします。

3. 小さいボウルで中力粉、スパイス類、調味料を混ぜあわせます。これを炒めた肉に加え、よくかき混ぜます。ケチャップを加え、さらに混ぜます。スパイシーな風味になっているかどうか、味見をしましょう。

4. 25㎝×40㎝くらいの天板に具を移し、薄く広げて冷まします。エンパナーダは流れ作業的にすると早く作れます。具を各大さじ2ずつ18個に分けます。金属製のへらを使って具を3列に分け、各列を6つに分けて18個にする方法もあります。使うまで置いておきましょう。

1. オーブンを200℃に温めておきます。

2. 冷蔵庫から解凍したパイシート1枚を取り出し、たっぷり打ち粉をした作業台に置きます。パイシートはまだ少し硬い状態で取り出し、割れずに曲がるくらい柔らかくなったらすぐに、広げて平らにします。両面に少量の粉を振ってください。

3. よく切れるナイフでパイシートを折り目に沿って3片に切り分けます。次に、1片を約8㎝四方の正方形3つに切り分け、めん棒で約13㎝四方までのばします。少量の粉を振り、1か所に積み重ねていきましょう。2枚目のパイシートも同様にして、合計18枚の正方形をつくります。

4. いよいよエンパナーダ作りに入ります。打ち粉をしたところに正方形の生地1枚を置きます。小さく柔らかい刷毛《はけ》で、正方形の左端と下端に約1㎝幅で卵液を塗ります。卵を塗った角のほうに少し寄せて具1個をのせます。三角形になるように半分にたたみ、とじ目を押さえます。フォークの先を使って、とじ目をしっかりとじます。必要なら、よく切れるナイフで端の汚いところを切り落としましょう。できたパイは天板に移してください。この作業を生地と具がなくなるまで繰り返します。

5. 残った卵液をパイの表面に刷毛で軽く塗り、蒸気が抜けるように小さなナイフの先で穴を2か所開けます。生地が膨らんでキツネ色になるまで18～20分焼きます。1個ずつラップをして冷凍しましょう。

水よりお湯が速く凍るというのはほんとう？

先日、パーティーのお客様が来られるまであと三時間、急いで氷を作らなければという状況になりました。水よりもお湯のほうが速く凍ると聞いたことがありますが、あのとき製氷皿に、水でなくお湯を入れるべきだったのでしょうか。

湯のほうが速く凍るというパラドックスについては、遅くとも一七世紀に哲学者のフランシス・ベーコンが発表して以来、延々と議論されています。今日でさえ、寒い日に湯を入れたバケツを屋外に放置すると、水を入れたバケツよりも速く凍ると主張する人もいます。

信じられないかもしれませんが、湯が水よりも速く凍るのは、ありうることです。ときには。何らかの条件のもとで。つまり、多くの要因に左右されるということです。

直感的には、不可能なことに思えます。だって、氷点《ひょうてん》の零度《れいど》を目指す降下レースで、水よりも湯のほうが道のりは長いのですから。一パイント（四七三㎖）の水の温度を約二・二℃下げるために、約一キロカロリーの熱が水から失われます。下げる温度が大きいほど、失われる熱量も大きくなり、冷えるまでの時間が長くなります。他のすべての要因がまったく同じであれば。

しかし、蔓延性《まんえんせい》あまのじゃくに関するウォルクの法則によれば、他のすべての要因が素直にまったく同じになってくれることは、ありえません。これから検証する通り、湯と水には、温度以外にも多くの面で違いがあるのです。

いったいどうして、水より湯のほうが速く凍ることができるのか、説明せよと追いつめられた化学者は、水には湯よりも多くの溶解空気が含まれていて、溶解物質は水の凝固点を下げるのです、みたいなことをモゴモゴしゃべるでしょう。正しいけれど、些細《ささい》なことです。水道水に溶解している空気量で下がる氷点の温度は、〇・〇〇〇五℃にも満たない程度。湯VS水のレースで、そこまで緻密な条件管理はできません。つまり、溶解空気説は生ぬるいのです。

湯と水のほんとうの違いは、熱い物質のほうが、周囲に熱を放射するスピードが速いということ。すなわち、湯は水よりも速く冷える——〈下がる度数／毎分〉が大きい——のです。容器が浅く、空気に触れる水の表面積が大きい場合、この違いはとくに顕著になります。だからといって、湯のほうが先にゴールするということにはなりません。初めのうち、どんなに速く冷えていったとしても、水の温度に追いつけばそれ以上のことはできないからです。そこからは、五分五分の勝負になります。

湯と水には、もっと大きな違いがあります。それは、湯は水よりも速く蒸発するということ。ですから、同量の湯と水を凍らせた場合、勝利のダンスを踊る零度まで下がったときには、湯の容器の中身は、水の容器よりも量が少なくなっています。水の量が少なければ、凍るまでの時間が短いのは当然のことです。

この程度のことがほんとうに、レースに大きな影響を与えるのか？　水は、いろんな面で非常に特殊な液体なのです。温度が大幅に下がる前に、大量の熱が水から奪われるのも、特殊さの一つです［専門的に言うと：水は熱容量が大きい］。ですから、湯の容器から蒸発で失われた水の量が、水の容器のそれをほんのわずかしか上回らないとしても、凍るために要する時間は大幅に減るのです。

あ、あわてないで。台所に走りこんで二つの製氷皿で実験するのはまだ気が早い。これには、他にも山ほどの要因がはたらいているのですから。ウォルクの法則によると、完全に同じ二つの製氷皿は存在しません。きっちり同じ場所に、きっちり同じ温度で存在してはいないし、同じ速度で冷やされているとはかぎりません（片方が冷凍庫の冷却コイルの近くに置かれていませんか？）さらに、いつ水が凍ったのか、どうやって正確に判断なさいますか？ 先に表面に氷が張ったほう？ それでは、製氷皿全体の中身が零度に達したことにはなりません。それに、冷凍庫の扉を開けると、予想外の空気の流れが発生して蒸発速度に影響が出ますから、そうたびたび覗《のぞ》きこむわけにもいきません。

何よりもしゃくに障るのは、何の刺激も受けない状態の水には、凍る前に零度を下回るという、あまのじゃくな習性があることです［専門的表現：過冷却］。たとえば振動、ごく小さな塵《ちり》、容器の内側表面の小さな疵《きず》など、何か相当に予想外の外部からの刺激でじゃまをされるまで、凍るのを拒否する可能性があります。要するに、あなたが参加しているのは、どこがゴールなのか非常に曖昧《あいまい》なレースなのです。科学は一筋縄ではいかないものです。

こんなことを並べ立てても、あなたを止められないのは承知しています。どうぞ台所にお行きなさい。そして同量の湯と水を用意し、完全に同じ製氷皿（用意できるものなら！）に入れ、結果に過大な期待は寄せないで待つことです。

余った生卵。冷凍して大丈夫?

生卵を、殻のまま冷凍することはできますか。二ダース近い卵があるのですが、旅行に出るまでに使い切れそうにありません。でも、捨てるのはどうしてもいやなのです。

私も食べ物が捨てられるのを見たくはありませんが、この場合は、卵を冷凍して生じる問題を考えれば、冷凍するほどの価値はないかもしれません。まず、おそらく殻にひびが入るでしょう。ご存じでしょうが、ちょうど水が氷になると膨張するように、卵白も凍ると膨張するからです。これに防止策はありません。また、冷凍庫での保存期間によっては、風味の劣化も考えられます。

さらに困ったことに、解凍した卵黄は、粘りが出てゴムのようになっています。これはゲル化といい、半固体の液状を形成する現象です。卵が凍ると、一部のタンパク質分子が結びついて網状になり、そこに大量の水を閉じこめるのですが、解凍しても分子どうしは離れられないため、このような現象が起こります。固くなった卵黄は、滑《なめ》らかなテクスチャーが大切なカスタードやソース作りには使えないでしょう。また、それ以外のレシピにも、黄身の固くなった卵を使うのは危険です。もしも料理が台なしになったら、卵数個どころではない無駄が出るのですから。

次回の旅行が二週間以内でおさまるようなら、卵は冷蔵庫に入れたままにするか、出かける前に全部、固茹《ゆ》でにしておきましょう。

加工食品の製造会社は、大量の冷凍卵を使って、パンやスイーツ、マヨネーズなどを製造しています。ゴムっぽくなるのを防ぐために、溶き卵一〇〇に対して塩か砂糖一〇を加えてから冷凍します。面倒でなければ同じようになさってもいいでしょうが、塩や砂糖が入っていますから、何個も食べるわけにはいきません。

「冷凍焼け」とは

冷凍焼けした食品には、いったいどんなことが起こったのですか。

世に矛盾した表現は数あれど、「冷凍焼け」は、そのなかでもかなり滑稽《こっけい》な部類に入るでしょう。しかし、あなたが予定していたよりもずっと長く冷凍庫に入ったままの、非常時用ポークチョップをよーく見てごらんなさい。乾燥してしなびた表面は、まるで焼けた（seared）ように見えませんか？

しかし辞書によれば、〝seared〟は必ずしも熱に関連する言葉ではなく、しなびて干からびた状態を意味します。乾燥の原因は問いません。忘れ去られたポークチョップの〝焼けた〟部分は、たしかに、水分を根こそぎ吸い取られたように干からびてシワが寄っているはずです。

冷気だけのはたらきで、冷凍した食品が干からびるようなことがあるのでしょうか？　しかも、氷という形態の水分なのに。ええ、あるのです。あわれなポークチョップが冷凍庫の中でつらい生活を送っている間、何かが、凍った表面から水分子を盗んでいたのです。

たとえ固体の氷の中にしっかり固定されているときでも、水分子が別の場所に連れ去られるのは、次のような仕組みです。

水分子は、今いる場所よりも快適な環境があれば、自然にそこへ移動するようにできています。そして水分子にとって快適な環境とは、できるだけ冷たい場所、つまり熱エネルギーの量が最少で、かつ〝他のすべての要因がまったく同じ〟になる場所です（P58〜、蔓延性あまのじゃくに関するウォルクの法則を参照）。母なる自然はつねに、最もエネルギーの低い状態をお好みなのです。ですから、完全に分子を通さない素材の保存容器でないと、水はそこを通り抜け、食品中の氷晶《ひょうしょう》から、ほんのわずかでもそこより冷たい場所、たとえば冷凍庫の壁などに移動します（だから、自動霜《しも》取り装置のない冷凍庫はときどき霜取りが必要になる）。最終的には、水分子は食品から去り、残された食品の表面は乾燥してシワだらけになり、色はあせてしまいます。つまり、焼けたように見えるわけです。

もちろん、こういうことが一晩で起こるわけではありません。分子一個単位で、長い時間をかけて移動していくのです。この動きは、さすらう水分子をブロックする素材の保存容器を使うことで、実質的にゼロに近い状態にすることができます。プラスチック製のラップには、この点に関して他の素材よりもすぐれているものがあります。

第一の教訓：食品を長期間にわたって冷凍保存するときは、冷凍専用に作られた、移動しようとする水分子を透過させない素材のラップや袋を使うこと。冷凍保存に最適なのは、真空密封式の厚手のプラスチックバッグで、これなら水蒸気をほとんど通しません。もちろんフリーザーペーパーも優秀で、防湿効果のあるプラスチックコーティングがほどこされています。一方、通常の食品用ラップについては素材がさまざまで、冷凍保存には向き不向きがあります。最もいいのはポリ塩化ビニリデン（サランラップ）です。ポリ塩化ビニル（ＰＶＣ）もいいでしょう。ラップのパッケージの細かい文字を読んで、素材を確認してください。薄いポリエチレンの食品用ラップや、一般的なポリエチレン製食品保存バッグはあまりよくありませんが、ポリエチレンでも「フリーザーバッグ」であれば冷凍用に厚くしてあるので大丈夫です。

第二の教訓：食品をラップしたり保存バッグに入れたりするとき、空気をしっかり抜いて、空洞を残さないこと。内側に少しでも空洞部分があると水分子がそこを通って、より冷たいラッピングの内側の面に移動し、そこで氷になってしまいます。

第三の教訓：市販の冷凍食品を選ぶときは、パッケージ内側のスペースに氷晶がないかどうか、手で探って確認すること。あった場合、（氷になった）水はどこから来たと思いますか？　正解！その食品からです。つまり、気密性に欠けるパッケージで長期間置かれたために水分を失ったか、一度解凍され、食品から水分が出てしまったあとに再冷凍されたということです。どちらにしても乱暴に扱われてきたわけで、食べても害がないとはいえ、風味やテクスチャーは劣化しているでしょう。

息を吹きかけると冷める理由

熱い食べ物に息を吹きかけると、なぜ冷めるのですか。

マナーにうるさい人がよそを向いている間に、息を吹きかけて熱い料理を冷ました経験から、いちばん効果があるのは液体か、水分の多い食べ物だと私たちは知っています。ホットドッグをふーふーしても大して効果はありませんが、熱い紅茶、コーヒー、スープなどは、そんな無作法をそそのかす存在です。実際、これだけ効果があるということは、吹きかけた空気が食べ物よりも冷たいという単純な事実以外に、何かが起こっているにちがいありません。

何が起こっているかといえば、蒸発です。息を吹きかけることで、液体の蒸発速度を上げているのです。ちょうど、マニキュアを塗ったあと息を吹きかけると、速く乾くのと同じです。ところで、蒸発が温度を下げることは誰もが知っているのに、理由を知っている人はほとんどいないようですね。

理由はこういうことです。

水の中の分子は、それぞれが、さまざまな速度で動き回っています。その平均速度は、私たちが温度と呼ぶものとして表されます。しかし、それはあくまでも平均にすぎません。現実には、ぶらぶらしているだけの分子もいれば、台北のタクシーのごとく疾走《しっそう》している分子もいます。さて、この分子たちが、いつのまにか水面まで到達していたとします。そのとき、空気中に飛び出していく可能性が高いのはどちらでしょう？　その通り。疾走している、高エネルギーの分子。つまり、熱い分子です。蒸発が進むにつれ、冷たい分子よりも多くの熱い分子が飛び出すため、残った水は最初よりも冷たくなるのです。

　でも、なぜ息を吹きかけるのでしょうか？　食べ物や液体の表面に息を吹きかけると、蒸発したばかりの分子が吹き飛ばされ、新たに蒸発する分子のためのスペースができるため、蒸発の速度がアップするのです。蒸発が速くなれば、冷めるのも速くなります。

　マナーの専門家は、美食に科学を応用するのはお気に召さないようですが。

第7章

液体

コーヒー・茶、炭酸、アルコール

基礎化学の授業で、物質には三つの物理的形状がある［専門的表現：物質の三態］と習いましたね。固体、液体、気体です。食物も物質ですからこの原則にあてはまりますが、ほとんどの食物は、純粋にどれか一つの状態であることはありません。

固体と気体の安定した結合状態は、フォーム（泡）とかスポンジ（海綿《かいめん》）と呼ばれます。これは気泡や炭酸ガスで満たされた多孔質《たこうしつ》の固体構造で、通常、強く攪拌《かくはん》したり、泡立てたりして作り出されます。パン、ケーキ、メレンゲ、マシュマロ、スフレ、ムースなどを思い浮かべてください。パンやケーキのように、大量の水を吸収しても溶けないのはスポンジで、メレンゲのように水に浸《つ》けると分解して溶けてしまうのはフォームです。

水と油など、通常は混じり合わない二つの液体の安定した結合状態は、乳化《にゅうか》と呼ばれます。乳化の際、片方の液体はごく微小な粒としてもう片方の液体中に分散するため、浮遊したままで沈《ちん》殿《でん》しません。代表的なのが、植物油、全卵または卵黄（半分は水分）、そして酢かレモン汁を混ぜて風味付けしたマヨネーズです。マヨネーズは卵と酢の水っぽい混合物に、油を少しずつ加えながら勢いよく攪拌して作ります。油は小さな滴に分解され、卵と酢から分離することはありません。

飲料は液体状の食品です。例外なく水性ですが、さまざまな割合で他の液体――エタノール（C_2H_6O）を含有していることがあります。エタノールは、トウモロコシ、小麦、大麦といった穀物のデンプンを発酵させて、きわめて簡単、かつ経済的に生産できることから、穀物アルコールとしても知られています。発酵（fermentation）は、沸騰や泡を意味するラテン語〝fevere〟を語源とし、バクテリアと酵母が放出する酵素による、有機物の化学分解を指します。さまざまなタイプの発酵が、さまざまな製品を生み出しますが、発酵という言葉はもっぱら、デンプンと糖*を分解してエタノールと二酸化炭素ガスの泡を生成する際に使われています。

アルコール発酵はデンプンからビールを、また、少なくとも一万年前から、果糖からワインを作るのに使われています。われわれの最古の祖先は、砕《くだ》いたブドウや他の果実を温かい場所に置いておきさえすれば、果汁がかってに発酵し、酩酊《めいてい》効果のある不思議な液体になっていくことを素早く発見したのです。

この章では、飲料の主要なタイプ三つを取り上げます。一つめは、植物原料を熱湯で抽出する飲み物。二つめは、炭酸ガスを含有する飲み物。発酵により自然に存在する炭酸ガスと、シュワッとした快感を味わうために添加された炭酸ガスとを問いません。三つめは、アルコールを含有する飲み物。こちらも、発酵によって生まれたアルコールと、炭酸とは違う種類の、より大きな快感をもたらすように蒸留によって強められたアルコールを含む飲料の両方を取り上げます。

では、われらの愛するコーヒー、ティー、ソーダ、シャンパン、ビール、ワイン、そして蒸留酒の世界に向かいましょう。乾杯！

＊デンプンと糖
デンプンを含む糖類についての基本的な事柄は、1巻P34～35参照。

コーヒー・茶

胃にやさしいコーヒーを教えて

酸性度の最も低いコーヒーの見つけ方を教えていただけますか。苦みがなくて、胃がキリキリしないコーヒーを探しているのです。

どうも、酸は濡れ衣を着せられることが多いようです。たぶんテレビでじゃんじゃん流れている、胸焼けや胃酸逆流を抑制する薬品のコマーシャルのせいでしょう。けれど、私たちの胃の中の酸（塩酸《えんさん》）は、どんなコーヒーの酸より何千倍も強いのです。胸焼けが起こるのは、酸が胃から出て、食道に逆流したときだけです。人によっては、コーヒーを飲むとそうなることがありますが、それはコーヒーの酸のせいではありません。胃酸のせいなのです。

コーヒーに含まれる弱酸のいくつかは、リンゴやブドウに含まれる酸と同じもので、胃を荒らすようなことはありません。まだ納得できないとおっしゃるなら、もう一つお教えしましょう。

こうした酸のほとんどは揮発性《きはっせい》で焙煎《ばいせん》時に放出されますから、いちばん深焙《あぶ》りのコーヒーが、酸の含有量が最も低いこともあるのです。

クエン酸、リンゴ酸、酢酸をはじめ、コーヒーに含まれる酸は、苦みではなく、生き生きとしたアクセントを風味に添えます。一般的に酸は苦くありません。すっぱいのです。カフェインには苦みがありますが、それがコーヒーの苦みに占める割合はわずか一〇%です。それから、苦みを毛嫌いしてはいけません。苦みはコーヒーの風味の重要な構成要素なのです。他の二つの主要食品グループ、ビールとチョコレートにおいてもそうであるように。

そういうわけですから、酸のことは忘れて、お気に入りのコーヒーを見つけてください。もし、どんなコーヒーでもあなたの〝胃がキリキリする〟のなら、するべきことはおわかりでしょう。コーヒーを勧められたら「ノー」と言うことです。

エスプレッソはカフェインの量が多い？

妻はエスプレッソを飲むと何時間もハイな状態がつづくのですが、なぜですか。エスプレッソはふつうのコーヒーよりもカフェインの量が多いのでしょうか。

一概には言えません（予想通りの答えだったでしょう？）

この二つを単純に比較することは、〝ふつうのコーヒー〟など存在しないという事実によって困難になっています。自動販売機の水っぽいコーヒーから、高速道路のサービスエリアの、すえたようなにおいのコーヒーまで、私たちが飲んできたコーヒーは多種多様です。そのうえ、家庭でのコーヒーの入れ方でさえ数えきれないほどあるのですから、一般論では語れないのです。

現実を見てみましょう。スターバックスが席巻《せっけん》する今の世の中、エスプレッソマシンを買い、そのマシンを操作する一〇代の若者を最低賃金で雇うだけのお金をかき集められる、どの地区にもある安っぽい店がエスプレッソという名で出しているものを見たら、プロのイタリア人バリスタ（エスプレッソ職人）は、さぞかし嘆くことでしょう。よって、ここにも普遍性といったものは見られません。

エスプレッソ一杯の量は、言うまでもなく、アメリカのコーヒーの標準的なカップ一杯よりもかなり少なめです。しかし、はたしてエスプレッソの濃さは、量の少なさを補って余りあるものなのでしょうか？

容量約三〇ccの標準的な専用カップに入ったエスプレッソの一滴には、容量一八〇ccのカップに入ったふつうのコーヒーの一滴よりも多くのカフェインが――それを言うなら他のものもすべて多いのですが――含まれています。しかし、上質のアメリカのコーヒー一杯のほうが、エスプレッソ一杯よりも、カフェインの総量が多いケースも多いのです（「上質の」と言ったことにご注意ください。あなたのオフィスでコーヒーと呼ばれている、カフェインの含有量もわずかならコーヒーの含有量もわずかな、あの茶色い湯のことではありません）。

専門家の意見はどうでしょうか？　ここに二冊の書籍があります。フランチェスコ・イリーとリッカルド・イリー著の『コーヒーからエスプレッソまで（From Coffee to Espresso）』（未邦訳）、そしてセルジョ・ミケール著『エスプレッソのアートと科学（The Art and Science of Espresso）』（未邦訳）。カフェイン含有量は、標準的カップ一杯の上質のエスプレッソでは九〇～二〇〇mgのところ、上質のアメリカのコーヒーの場合、カップ一杯で一五〇～三〇〇mgだという点で、この二冊の意見は一致しています。ご覧の通り、数字の重なる部分もありますが、平均するとエスプレッソのカフェイン含有量のほうが少ないのです。

どんなコーヒーでも、カップ一杯のカフェイン含有量は、まず原料となるコーヒー豆の種類に左右されます。アラビカ種の平均カフェイン含有率は一・二％ですが、ロブスタ種は平均二・二％、最大で四・五％にもなります。しかし、あなたがかなりのコーヒー通でないかぎり、地元のエスプレッソ・バーでも、ご家庭でコーヒーを入れる場合でも、コーヒーの豆の種類まではご存じないでしょう。どちらの場合も、可能性が高いのはアラビカ種です。アラビカ種は世界のコーヒー生産量の四分の三を占めているからです。ただし、最近は経済的な理由から、安価なロブスタ種への移行が進んでいます。

重要なのは、言うまでもなく、コーヒーを入れている間に、どれだけの量のカフェインが豆から湯に溶け出すかです。これはいくつかの要因の影響を受けます。コーヒー豆の挽《ひ》き具合。挽いたコーヒーの使用量。使用する湯の量。湯がコーヒーと接触している時間の長さ。豆を細かく挽き、挽いた粉を多く使用し、湯をたくさん使い、湯とコーヒーの接触時間が長いほど、カフェイン抽出量は多くなります。エスプレッソと他のコーヒーの入れ方との違いは、そこにあります。

エスプレッソコーヒーは、家庭でドリップ用に挽かれる豆よりも、細かく挽かれます。その一方で、カップ一杯につき使う粉はほぼ同量でも、エスプレッソを入れる間に粉に接触する湯はわずか三〇ccなのに対し、他のコーヒーは、平均的なカップ一杯につき一八〇ccの湯と接触します。さらに、湯と粉の接触時間も、他の入れ方では二分ほどのところ、エスプレッソの場合は約三〇秒にすぎません。

結果として、地元のコーヒー専門店で飲むエスプレッソ、あるいはスターバックスのトールラテ、トールカプチーノから吸収するカフェインは、カフェアメリカーノから吸収するカフェインよりも少なくなるでしょう。ただし、グランデラテ、ベンティラテ、グランデカプチーノ、ベンティカプチーノは二ショット分のエスプレッソを使って作られているので、これにはあてはまりません。

さて、奥様の話ですが。なぜエスプレッソを飲むと興奮しやすくなるのでしょうか？　一つの理由として考えられるのは、彼女の代謝《たいしゃ》です。代謝は、1,3,7-トリメチルキサンチン、別名カフェインの単純な化学分析では説明できない、人間の変化に富んだ機能です。カフェインの代謝率にはかなり大きな個人差があり、また、イリー氏の著書によると、女性のほうがカフェインの代謝が速い傾向があるといいます。でもそれは、どんなコーヒーにも言えることです。

私は医師でも栄養学者でもありませんが、少量の液体中に凝縮されたときのほうが、大量の液体に分散したときよりも、カフェインの代謝が速い人もいるのではないかと思います。そうは言っても、ある友人は、エスプレッソよりもふつうのコーヒーを飲んだときのほうが、不眠や〝神経がピリピリする〟感覚が強いと言います。

多くの種類のエスプレッソを、同じく多種類の他のコーヒーと比較する生理学的な対照実験、それも、一日のうちのさまざまな時間帯に、単独で飲んだ場合、何かを食べながら飲んだ場合の両方を、すべての種類について何度も行った研究結果がない状態では、カフェインが引き起こす興奮性はアメリカのコーヒーよりもエスプレッソのほうが強いという一般論は、成り立たないのです。平均すれば、おそらく事実はその逆でしょう。

ハイになっていた奥様が地上に戻ってこられたら、そう教えてあげてください。

作ってみよう23

豆乳モカプディング

――カフェインのダブルパンチ

あのザワザワ、ガヤガヤという騒音が聞こえますか？　健康志向の群集が、日々の食事に大豆をどう取り入れたものか、悩み、途方に暮れて嘆いている声です。もっと大豆を食べたいと思いながら、ほとんどの人は、どうすればいいのか見当もつきません。だいたい、大豆が何かもよくわかっていないのです。この、簡単で、あっという間にできて、火を使わないプディングのレシピをぜひお試しください。豆腐という形の大豆も参加し、チョコレートとエスプレッソがカフェインのダブルパンチを効かせます。お好みでコーヒーの代わりにカルーア（コーヒー・リキュール）を使ってもいいでしょう。

〔材料〕大きいサイズで1個分、または標準サイズで4個分
セミスィート・チョコレートチップ　１７０g
木綿豆腐（水切りしたもの）　1パック（３４０g）
豆乳または牛乳　60cc
余った濃いコーヒーまたはエスプレッソ　大さじ2
バニラエッセンス　少々
塩　ひとつまみ

1．チョコレートを湯せんするか、厚手のソースパンで火にかけて溶かすか、あるいは

電子レンジ対応のボウルに入れてレンジで溶かします。

2. ミキサーに豆腐、豆乳、コーヒー、バニラエッセンス、塩を入れ、30秒混ぜます。

3. ミキサーを回しながら、溶かしたチョコレートを加え、なめらかなクリーム状になるまで1分混ぜてください。1時間ほど、またはいただくまで冷やしましょう。

カフェイン除去用の化学物質の安全性

コーヒーからカフェインを抜くのに使用されている化学物質は、ほんとうに安全なのですか。ある化学者から、洗剤の親戚のようなものだと聞いたのですが。

親戚ではあるが、種類が違う。私の叔父のレオンもそうでした。化学族《ファミリー》内のメンバーにも、人間の家族《ファミリー》同様、類似性もあれば、それぞれの独自性もあります。たとえばカフェインそのものは、ニコチン、コカイン、モルヒネ、ストリキニーネといった有害物質も含まれる、強力な植物化学物質のアルカロイド族に属しています。とはいえ、トラと子猫ちゃんだって同じネコ科に属しているのです。カフェイン除去の工程で使われることのある塩化メチレン（CH_2Cl_2　別名ジクロロメタン）は、ドライクリーニングに使用される毒性のペルクロロエチレン（C_2Cl_4）と親戚関係にはありますが、性質はまったく違います。だからといって、子猫ちゃんというわけではありませんが。

化学者がコーヒーの中に確認した化学物質は、八〇〇から一五〇〇種類にのぼります。どの化学者に尋ねるかによって数字は変わりますが。それだけの数の物質の風味バランスを崩すことなく、カフェインを一、二％除去するのが簡単でないことは、想像できるでしょう。カフェインはベンゼンやクロロホルムをはじめ、多くの有機溶剤に簡単に溶けますが、こういった溶剤は有害ですから論外です。

一九〇三年、ドイツの化学者ルートヴィッヒ・ロゼリウスが、コーヒーからカフェインを除去する方法を考えて夜も眠れなくなりつつ、最終的に塩化メチレンの使用という結論を出して以来、それが一般的な溶剤になっています。塩化メチレンは、カフェイン以外の物質は最小限しか溶かさず、しかも蒸発しやすいので、微量が残留していても熱することで消えます。ロゼリウス氏は、〝sans caffeine（カフェイン抜き）〟というフランス語をヒントに考え出した「Sanka（サンカ）」の名のもと、自作のコーヒーの販売を始めました。サンカは一九二三年にアメリカに進出し、一九三二年、ゼネラル・フーズ社のブランド名となりました。

しかし一九八〇年代に入ると、塩化メチレンは発癌性物質として槍玉《やりだま》にあげられることになりました。今でもカフェイン除去に使われてはいますが、アメリカ食品医薬品局（ＦＤＡ）は、完成した製品の一〇〇万分の一〇を上限量と規定しています。業界筋の話によると、実際に使用されている量はその一〇〇分の一未満だそうです。

カフェインは焙煎前の生豆から除去されます。最初に豆を蒸すことでカフェインの大部分を豆の表面に集め、次に溶媒でカフェインを溶解させます。「カフェインレス」「ノンカフェイン」「ディカフェ」のコーヒーと称するためには、カフェインの九七%が除去されていなければなりません。

ウォーター・メソッド（水抽出法）と呼ばれる間接的な方法もよく使われています。まずカフェインを――多くの好ましい風味成分、香気《こうき》成分とともに――湯の中に抽出します（もちろん、カフェインは水溶性です。そうでなければ、ここでコーヒーカップの中のカフェインについてあれこれ言うこともなかったでしょう）。次に有機溶剤を使って湯からカフェインを抽出除去し、今やカフェインレスとなり、しかも元の風味成分はすべて留めたままの湯を豆の槽に戻して吸収、乾燥させます。このメソッドでは、溶剤は豆とまったく接触しません。

面白い趣向の新手法は、塩化メチレンの代わりに、有機溶媒の酢酸エチル（$C_4H_8O_2$）を使用する方法です。酢酸エチルは果物に、そして何と言っても、コーヒーそのものに含まれる物質ですから、「自然」を名のることができます。したがって、酢酸エチルで処理されたコーヒーのラベルには、「カフェインを自然除去」と書かれているものがあります。でも、感心することはありません。同じようなことを、猛毒のシアン化物を使用した場合にも書くことが可能なのです。桃の種の中で〝自然に〟発生するからという理由で。

多くのカフェインレス・コーヒーが、比較的最近に開発された、おなじみの無害な二酸化炭素の中にカフェインを抽出する方法で作られていますが、この場合の二酸化炭素は化学者が超臨界と呼ぶところの、奇妙な状態になっています。気体でもなく、液体でも、固体でもないのです。

最後にご紹介するのは、独創的な「スイス式水抽出法」。コーヒーに含まれる、カフェイン以外のありとあらゆる成分を溶かした湯で豆を洗うので、カフェイン以外の成分が豆から湯に溶け出す余地がありません。

さて、このような商品は、どのような姿でスーパーマーケットのコーヒー売り場に並んでいるのでしょうか。

まず、缶に「カフェインを自然除去」という言葉が記載されているものがあります。これは、酢酸エチルを使用した除去法のことかもしれないし、何の意味もないのかもしれません。どんなものも、元をたどれば自然なのではありませんか？　他に何を期待しろと言うのでしょう。超自然的にカフェインを除去したコーヒー？

「水抽出法」という言葉も、あまり意味がありません。スイス式水抽出法にかぎらず、水を使う除去法はいくつかあるからです。

いちばんいいのは、技術的なことは忘れて――どの方法も安全ですから――客観的、かつ知性的な基準でカフェインレス・コーヒーを選ぶことです。たとえばそうですね、コロンビアコーヒー協会のおじさんキャラクターとフォルジャーズ・コーヒー*のおばさんキャラクター、あなたはどちらがごひいきですか？

「お茶」は全部で何種類あるか

「お茶」は全部で何種類あるのでしょうか。先日、あるレストランでホット・ティーを注文したら、この中からお選びくださいと箱を渡されました。そこに入っていただけでも、ダージリン、ジャスミン、カモミール、ラプサン・スーチョンなど、一〇種類以上はありましたが……。

一種類です。すなわち、葉を熱湯に浸してほんもののお茶を作ることができる植物は、ただ一つ――学名カメリア・シネンシスです。栽培地域などの要因によって、異なる名称で呼ばれていることもあります（和名・チャノキ）。

あなたに渡された〝ティー〟バッグのうち、カモミールなどの何種類かは、茶を含有していません。入っているのは茶以外の葉や、ハーブ、花、香味料など、熱湯に浸して浸出液――正式名を「チザン」という液体を作るものですが、運の悪いことにこれは「ハーブティー」の名でも知られています。「ハーブティー」と聞いたら、こんな反応をするのがふつうだと思われていること

*フォルジャーズ・コーヒー
米国で最もポピュラーなコーヒー・ブランドの一つ。
図7―1

でしょう。おお！　ハーブ！　自然だ。ヘルシーだ。体にいい。でも、その気になれば、有毒なツタウルシの葉でチザンを作ることもできるのです。

ほんとうのお茶は、茶葉の処理法によって次の三つのタイプに分類されます。不発酵茶（緑茶）、半発酵茶（ウーロン茶）、完全発酵茶（紅茶）。発酵は、酵素が茶葉の中のタンニン成分を酸化させることで起こります。圧倒的大多数を占める紅茶のなかには、アッサム、セイロン、ダージリン、アールグレイ、イングリッシュ・ブレックファスト、キーマン、スーチョンなどがあります。他のものについては、ご自分でお調べください。ほんものの紅茶もあるでしょうし、何であれ、熱湯に浸したらおいしいと誰かが考えたものもあるでしょう。後者を飲んでも命を落とすことはないでしょうが、ほんものの紅茶だけが、これといった害を及ぼさず、時の試練に耐えて生き残ってきたのです。

作ってみよう24

フレッシュミントのチザン茶

――お茶でないお茶

ミント・ティーの名で呼ばれることの多いこの飲み物、ミント・チザンを、コーヒーポットで入れてみましょう。ミントの葉が湯を鮮やかなグリーンに染めていくようすが、ガラス越しに見えます。ミントの芳香には、気分を落ち着け、爽やかにしてくれる即効性があります。

〔材料〕

ミントの葉（摘みたて）　1～2握り

熱湯

砂糖（お好みで）

1. 摘《つ》みたてのミントの葉1～2握りを洗って、温めておいたガラス製のコーヒーポットに入れます。葉が隠れるより少し多めに熱湯を注ぎ、5分ほど浸しておきます。
2. ガラスのティーカップに注ぎ、お好みで砂糖を加え、たっぷり香りを吸いこんでからいただきましょう。

電子レンジで沸かした湯のお茶。なぜまずい？

電子レンジで沸かしたお湯で紅茶を入れると、ヤカンのお湯で入れるときほどおいしくありません。なぜですか。

電子レンジで沸かした湯は、沸騰しているようには見えても、ヤカンで沸かした湯ほど熱くないからです。

紅茶を入れるときは、色と風味を残さず抽出するために、煮えたぎっている湯を使わなければなりません。たとえばカフェインは、湯の温度が八〇℃を大きく下回ると溶けません。だから、紅茶を入れている間に湯が冷めないよう、前もってティーポット——ティーバッグ派ならカップ——を温めておくのです。

ヤカンの湯がグラグラと勢いよく沸騰しているときは、ご存じのように、湯全体が一〇〇℃前後で煮立っています。ヤカンの底の水が熱されて上昇し、冷たい水と入れ替わり、今度はその水が熱くなって上に行き、を繰り返してそうなるのです。ですから、ヤカンの湯全体が、ほとんど同時に沸点に達すると言えます。また、ぶくぶくと泡立つことで湯がさらにかきまわされて、温度が均一になります。

ところが電子レンジの場合、加熱されるのはカップに入れた水の外側二、三cmだけで、なぜかというと、それがマイクロ波の届く限界だからです。[*] カップの真ん中の水は、外側の水との接触を通して、ゆっくり温まっていきます。外側の水が沸点に達して泡が立ち始めると、あなたはだまされて、カップの中の湯全体が同じように熱くなっていると思ってしまいます。しかし実際の平均温度はずっと低く、あなたは、かぐわしい風味を引き出されないままの紅茶を飲むはめになるのです。

ヤカンの湯のほうがいい、もう一つの理由は、カップに入れた水を電子レンジで沸騰させるのは、危険とまではいかなくても、用心が必要だからです（P138〜参照）。

＊**マイクロ波の届く限界**
電子レンジとマイクロ波についてより詳しくは、第8章参照。

電子レンジで紅茶を沸かすと茶色のカスが

電子レンジで紅茶を沸かすと、カップの中に茶色のかすのようなものができます。あれは何ですか。

患者：先生、腕をこの方向に曲げると痛いんです。
医師：じゃあ、その方向に曲げないようにしてください。

あなたのご質問に対する私の回答も、こんな感じです。電子レンジで紅茶を沸かさないでください。

電子レンジの湯は、煮えたぎっているヤカンの湯ほど熱くありません。そのため、紅茶に含まれるカフェインとタンニン（ポリフェノール）の一部は溶解した状態を保てず、凝結して茶色のかすになるのです。タンニンは、紅茶、赤ワイン、クルミなどに酸味を帯びた渋みを与える、広範な化学物質のカテゴリーです。タンニンという名は、昔から皮をなめす《タン》のに使用されてきたことに由来しています。そしてあなたの口と舌の〝皮〟にも、小規模ながら同じことをしているわけですね。

炭酸

炭酸飲料を飲むと骨がもろくなる？

炭酸飲料を飲むと骨がもろくなるって、ほんとうですか。一〇代の女の子を対象にした医学研究についての記事を読んだのですが、その記事によれば、研究陣はこれを「炭酸飲料に含まれるリン」の影響ではないかと推測しているそうですが……。

心配ありません。その記事は、たった一つの医学研究を拡大解釈しすぎたのです。炭酸飲料はすべて化学元素のリン（phosphorus　元素記号はP）が豊富だというのは、誤った認識です。炭酸飲料は例外なく炭酸水を使用していますから、すべての炭酸飲料に共通する唯一のものは水に溶解した二酸化炭素です。それに加えて調味料など、幅広い種類の原料を含有《がんゆう》しています。

コカコーラ、ペプシコーラをはじめとするコーラ（熱帯植物のコーラ・ナッツのカフェイン豊富なエキスを含有する炭酸飲料）を含め、炭酸飲料には、たしかにリン酸（H_3PO_4）を含有するものがいくつかあります。リン酸はリンの弱酸で、炭酸水自体が炭素の弱酸、つまり炭酸であるのと同じです。酸はすべてすっぱいもので、リン酸の役目は、酸味を増やして風味にピリッとした刺激を添え、甘味を際立たせることです。リン酸は他にも、焼き菓子やキャンディ、プロセスチーズなどの酸性度を上げ、風味をつけるために使用されています。

骨をもろくする効果についてですが、件《くだん》の研究はリン酸を含むコーラに限定したものでしょう。いずれにしても、一輪のバラ咲きしとて、夏の訪れとは言えず。同様に、一件の研究をして、コーラと骨の因果関係の証明とは言えず、といったところです。

炭酸飲料を飲むのは危険？

コカコーラでテニスネットの手まわしハンドル（クランク）の錆《さび》が取れると、ある記事に書いてありました。粉末オレンジジュースのタン（Tang）*の粉を空っぽの食洗機に入れてまわすと、洗剤のかすや、しみついた汚れがきれいに取れるという記事もありました。僕たちは今までいったい何を飲んできたのですか。

＊粉末オレンジジュースのタン（Tang）図7—2

あなたが今まで何を飲んでこられたのかはわかりませんが、コークとタンよりも危険な飲料は山ほどあります。私がこの二つの飲料についてとくに心配するとしたら、私の胃が洗剤のかすか錆《さび》でできている場合だけでしょう。ある化学物質が一つの物質に何かの作用を及ぼすからといって、同じ作用を他の物質にも及ぼすということにはなりません。だから化学者はこんなに忙しいのです。

食洗機の汚れに含まれるカルシウム塩を分解するのが、ゲータレードやタン、そしてフルーツ飲料に含有されるクエン酸であることは間違いありません。でも、あのおいしい、酸味のある刺激的な風味を生み出すのも、クエン酸なのです。クエン酸は言うまでもなく、柑橘《かんきつ》類に含まれる完全に自然で無害な成分です。おそらくレモネードを使って食洗機の庫内を洗浄することもできるでしょう。

コカコーラのリン酸は酸化鉄（錆）を分解することができます。しかし、テニスネットのクランクについては、頻繁な使用によって錆の膜が薄くなりがちだというだけのことです。錆びついた古い芝刈機をコカコーラのタンクに放りこんで若返らせようなんて、私は思いません。

げっぷと温暖化

げっぷは地球温暖化の一因になっているのですか。

誰ですか、笑ったのは。これはいい質問ですよ。実にいい質問です。なにしろ、私自身も考えたことがあるくらいですから。それは、合衆国における一九九九年度の炭酸飲料消費量が五七五三万八二五九kℓ、ビール消費量が二三四六万九五五三kℓだと知ったときでした。これだけの飲料に含まれていた炭酸ガスは、いったいどうなったと思いますか？　最終的には、呼吸とげっぷによって大気中に放出されたのです。

いつものように封筒の裏を使って（このために科学者は使用済みの封筒をとっておくのです）急いで計算すると、アメリカのビールと炭酸飲料、約八一〇〇万kℓが含有する炭酸ガスは、なんと約八〇万トン。ワオ！　私は思いました。こりゃあ、どえらい集団げっぷだ、と。しかも、世界中で沸き起こっているげっぷの大合唱を考慮に入れないで、この数字なのです。

なぜ炭酸ガス（二酸化炭素）の心配をするか？　二酸化炭素は、地球の平均気温を上昇させると認識されている、いわゆる温室効果ガスの一種だからです。惑星の温度をはかるのは、たしかに過去には簡単なことではありませんでした。しかし現代の科学的分析は、温度計をもった人たちを街角に配置する方法とは、比較にならないほど精緻《せいち》なのです。今日では、人間の営みが発生させる二酸化炭素などのガスが、地球のサーモスタットの設定温度を徐々に上昇させていることは、ほぼ間違いないと言えます。

ここで温室効果の仕組みをご説明します。

太陽が地球に向けて発する放射と、地球が大気圏外に跳《は》ね返す放射の間には、自然なエネルギーバランスがあります。地表に向かう太陽光は、約三分の二が雲や陸地、海、それに日光浴好きの人々によって吸収されます。この吸収されたエネルギーの多くは、熱波とも呼ばれる赤外線放射に転換――エネルギー分解――されます。正常な状態では、この熱波の大部分が跳ね返って大気中を通り抜け、大気圏外に戻ります。ところが、大気中に不自然な量の赤外線吸収ガス――二酸化炭素は赤外線波の並はずれた吸収体です――が存在すると、熱波の一部は大気圏外に出ることができなくなります。やむなく地表近くに留《とど》まり、地球上のさまざまなものを温めるのです。

では私たちは、げっぷで大気中の二酸化炭素を増やすのを恐れて、炭酸飲料やビールを飲むのをやめるべきなのでしょうか？　幸いにも、ノーです。

本書の執筆時点での最新情報、エネルギー省発表の一九九九年度のデータによれば、八〇万トンの飲料に起因する二酸化炭素排出量は、ガソリン——とディーゼル——を燃料とする乗り物がアメリカの大気中に吐き出した二酸化炭素の量の、〇・〇四%だそうです。すなわち、私たちがビールや炭酸飲料をがぶ飲みしても、ガソリンを食う車のげっぷと比べれば、微々たる量にすぎないということ。

乗るなら飲むな？　いや、地球のためには乗らずに飲もうでいきましょう。

栓を開けなくても炭酸飲料の気は抜ける？

栓を開けていないのに、炭酸飲料の気が抜けることはありうるのでしょうか。義理の妹は倹約家で、ディスカウントストアで炭酸入りの清涼飲料水を大量に買いこむのですが、開けるとすでに気が抜けていることが多いと言うのです。

最初は、それはないと思いました。ボトルの密閉状態が悪くて、どこかから少しずつ漏れているのではないかぎり。しかし大規模な調査を行ったところ、というのはコカコーラのラベルにあった消費者センターの番号に電話をかけたのですが、そういうことはありうるばかりか、きわめて多いということが判明しました。

電話をとってくれた感じのいい女性に、コンピュータに適切な言葉を入力するように指示しつづけた結果、炭酸飲料のプラスチックボトル（ポリエチレン・テレフタレート、略称〝PET〟）は炭酸ガスをわずかに透過させ、時間とともに、発泡性を失うに十分なガスがペットボトルを通して拡散してしまうことがわかりました。それもあって、親切にも炭酸飲料のペットボトルの多くはキャップに「この日までにお飲みください」と日付が書かれているのです。もちろん、ガラス瓶にはガスの透過性はありません。

電話の女性は、ペットボトル入りのコカコーラ・クラシックの場合、最高の風味と品質を楽しめる保存期間は九か月だが、ダイエット・コークはわずか三か月だと言いました。いったいなぜ？　私は「コンピュータに〝アスパルテーム〟と打ちこんでみて」と提案し、何度か袋小路に入りこんだあと、私たち二人は、人工甘味料のアスパルテームがいささか不安定で、時間がたつと甘みを失うことを発見しました。

その頃には、私たちは彼女のコンピュータであれこれ調べるのが楽しくてしかたなくなっていました。そこで、飲料の品質に影響すると思われるものをさらに調査することにしました。冷凍は発泡性を弱めます、とコンピュータが教えてくれました。これは私には解明が難しいことでしたが、こういうことではないかと思います。ボトルが凍ると、膨張した氷でボトルが膨らみ、解凍してもボトルは膨らんだ形状を維持している。つまり、液体から炭酸ガスが逃げ出すためのスペースができ、発泡性が弱くなるのではないでしょうか。

この話の教訓は、ペットボトル入りの炭酸飲料は必ず賞味期限を確認すべしということです。近所のスーパーマーケットに行ってみたところ、コカコーラとペプシの製品には日付がありましたが、それ以外のブランドの多くには書かれておらず、ただ理解できないコードが記載されているだけでした。熱は風味を劣化させますから、どの商品も涼しい場所で保存し、完全に冷やしてから栓を開けて飲みましょう。

義理のお妹さん御用達の業者が流通過程における炭酸飲料の扱いに不注意か、あるいは店の棚《たな》かお妹さんのお宅に何年も置きっぱなしなら、栓を開けたときに気が抜けている確率は高いでしょう。

炭酸飲料の気が抜けないようにする

炭酸入り清涼飲料水の気が抜けないようにする、いちばんいい方法は何ですか。

ボトル一本を飲みきれなくて、次にピザを食べるときまで残りをとっておきたい。しかも炭酸たっぷり、ぴちぴち弾ける状態のまま。そんなときは、しっかり蓋《ふた》を閉めて、冷やしておけばいい。それはご存じでしたね？　では、その理由は？

それは、残った炭酸ガスを少しも逃さずボトルに閉じこめておくためです。炭酸飲料を口に含んだときの、あの心地よい刺激感を生み出しているのは、舌の上で弾《はじ》けている炭酸ガスの小さな泡です。また、二酸化炭素が水に溶解すると、すっぱい酸——炭酸が生まれ、この炭酸がぴりっとした刺激感を与えます。ボトルの蓋をきつく閉めれば、ガスが逃げないのは明白です。しかし、炭酸飲料を冷やすことの必要性は、それほど明白ではないかもしれませんね。

食品学入門編よりも化学入門編の範疇《はんちゅう》に入る理由によって、液体はその温度が低いほど、吸収し、保持できる炭酸ガス（ガスなら何でも）の量も多くなります。あなたの炭酸飲料を例にとると、冷蔵庫内の温度で保持できる炭酸ガスの量は、室温で置く場合の約二倍です。ぬるくなった炭酸飲料やビールの缶を開けると、大きな音とともにガスが逃げていくのはそういう理由からです。温かい液体には、溶けたまま留まることのできるガスよりも、逃げていくガスのほうがずっと多いのです。

では、スーパーマーケットやディスカウントストアで売られている、ポンプ式の炭酸飲料用キャップを使えばどうでしょうか？　あの、ミニチュアの自転車の空気入れみたいな仕組みのやつです。飲みかけの炭酸飲料の二Lボトルの口にねじこみ、ピストンを何度か上げ下げして、そのまま冷蔵庫にしまいます。次にそのボトルを開けたとき、今まで聞いたことのない、気持ちいいほど盛大なプシュッ！　という音が耳にとびこみ、あなたはこう思うことでしょう。バンザイ！　僕のソーダが生まれ変わったぞ！

ところがですね。炭酸ガスの量は、ボトルの蓋をしっかり閉めたときと比べて、少しも多くはないのです。あなたがボトルの中にポンプで送りこんだのは炭酸ではなく、空気です。そして、空気分子は炭酸ガス分子のふるまいには、まったく影響しないのです［専門的に言うと：溶解度を決めるのはCO_2の分圧のみである］。ポンプ式の小道具は、ただのおしゃれなボトルキャップです。わざわざお金を出すことはありません。

アルコール

シャンパンを上手に開ける方法1

シャンパンのボトルを上手に開ける方法を教えてください。高価な飲み物なのに、無駄にするのが口惜しいのです。何が原因で中身が噴き出してしまうのですか。

ボトルは開栓のしばらく前に乱暴に扱われ、落ち着くための十分な時間を与えられないまま開けられたと見て間違いないでしょう。本来は氷の上か冷蔵庫の中で、少なくとも一時間は静かに休ませてから、やさしく取り出し、栓を開けるべきなのです。

まあ、現代のアメリカ社会では、シャンパンは飲むものと捉えられていません。スーパーボウルの優勝チームが、ロッカールームでかけ合うものになっています。

この、文字通りほとばしるような活気にあふれたおふざけの、正しいやり方を記します。ただし、純粋に科学的かつ教育的見地からお教えするのですから、ぜったいに家庭ではまねをしないように！　まず、中身をグラスか何かに少し注いで、ボトルの中の空白スペースを増やし、シャンパンをシェイクしやすくします。そしてボトルの口を親指でふさいでボトルを激しく振ったら、間髪入れず親指を少しだけ後ろに――横はだめです！――ずらすと、凝縮された発泡性の液体が、狙い通り、正確に前方に向かってほとばしり出ます。

私が科学的、教育的見地から明確にしたかったのは、こういうことです。シャンパンが噴き出す理由は、ボトル内のガス圧が増すからではない――念のためもう一度、ではない――のです。こんなこともわかっていない化学者や物理学者はいくらでもいますが、でも事実なのです。密閉したボトルを勢いよく振れば、たしかにボトル内のガス圧は一時的に上昇しますが、それが液体を噴出させるのではありません。栓を抜いた瞬間、あるいは親指を後ろにずらした瞬間に、ボトル内の圧力は室内の空気圧と同じところまで下がってしまうのですから。そもそも、液体の上方のスペースにあるガス圧が、どうして液体をボトルから噴射させることができるでしょう？　発射火薬は弾丸の後ろになくてはならないのですよね？

それではなぜ、激しく揺すった直後に栓を開けると、シャンパンはものすごい勢いで噴き出すのでしょうか？　答えは、二酸化炭素がきわめて高速で液体から解放されるという事実にあります。それが、シャンパン・シャワーのパワーのもとなのです。閉じこめた空気を一気に解放したときの勢いで発射する、空気銃のようなものです。ボトルを振るという行為には、一刻も早く液体から逃げ出したいとガスに思わせる、何かがあるのです。そして、焦りまくって逃げ出すときに、大量の液体もいっしょに運んでいきます。

詳しくご説明しましょう。

二酸化炭素は容易に水に溶解しますが、いったん溶けてしまうと、ちょっとやそっとのことでは出て行こうとしません。たとえば、炭酸入り清涼飲料水、ビール、シャンパンなどを、栓を開けたままテーブルに置いていても、完全に炭酸が抜けるには何時間もかかります。一つの理由は、気泡は自然発生するものではないということ。気体分子は、何かしがみつくものを必要とします。気泡を形成するのに十分な分子が揃うまで、みんなで一か所に集まっていられる、魅力的な集会所のようなものを。核形成部位《かくけいせいぶい》という名のこの集会所は、液体中の微細な塵《ちり》の場合もあれば、容器の内側のごく小さな疵《きず》の場合もあります。核形成部位がほとんどないとき、気体は泡を形成せず、液体の中に溶けたままでいようとします。飲料製造会社はこのような理由から、丁寧に濾過《ろか》して不純物を取り除いた水を使用しています。

しかし核形成部位がたくさんある場合、気体分子は素早くそのまわりに集まって、小さな泡を形成します。そのうち気体分子が続々と集まってきて泡は成長し、やがて十分な大きさになると液体の中を上昇していき、表面から脱出します。

ボトルを揺すると、液体の上方にある気体のスペース――「頭隙《とうげき》」――から液体の中へ、何百万という小さな泡が入ります。この小さな泡は、非常に効率的なレディメイドの核形成部位で、膨大な量の他の気体分子があっという間に集まってきて、どんどん大きな泡に成長します。そして泡が大きくなればなるほど、仲間の分子が集まる表面積も大きくなるため、成長速度が増していきます。このようにして、ボトルを振ることでガスの放出はスピードアップし、爆発的な勢いで放出されるため、大量の液体もその勢いでいっしょに飛び出すのです。結果：水攻め戦争の際、きわめて効果的な武器になる。

液体の一斉攻撃はさておき、こういった法則には、平時にも関連することが二、三、含まれています。

まず、未開栓の炭酸飲料のボトルや缶を、ぶつけたり揺すったりしたら破裂するのではという心配はいりません。たしかに、揺すると液体から頭隙へガスがいくらか移動しますが、ボトルの頭隙は大きなガス圧を保てるほど広くありません。それに、缶かボトルを振っていくらもたたないうちに、核形成部位の小さな泡は上昇して頭隙に戻り、そこではもう、あの下品な――こんなことを言うのは、はばかられますが――ガスを放出するという行為はできないのです。ただ、振った直後に開けてはいけません。核形成の泡がまだ液体中に漂っていますから。開ける前にしばらく休ませて、化学者が言うところの「平衡状態《へいこう》」に戻しましょう。

シャンパンをはじめ発泡性の飲料の場合、栓を抜く前に二時間ほど静かに休ませておくのがコツです。一方、発泡バトルのときに効果的なのは、ボトルを振った直後、つまり泡がまだ液体の中であわただしく余計なことをしている間に中身を放出することです。でも、これは覚えておいてください。たとえ十分に休ませたシャンパンでも、栓を抜くときコルクを人に向けることは、相手が誰であろうとおやめください。重大なけがにつながる危険性があるのです。

最後にもう一つ。熱はガスの一部を液体から頭隙に追いやりますから、温かい飲料は冷たい飲料よりも、開けたときに飛び散りやすくなります。ここに、シャンパンに関するもう一つのコツがあります。シャンパンは必ず冷やすこと。熱は飲料の容器の頭隙に大きなガス圧を発生させるので、炎天下に停めた車のトランク内で缶やボトルが破裂する事故が、ときどき起こっています。

シャンパンを上手に開ける方法2

シャンパンのボトルを開けるとき、必死でもがいているまぬけに見えたり、コルクが天井を直撃したりするのは、どうすれば避けることができますか。

シャンパン・ボトルの開栓に際して最も重要なのは、招待したお客様の目に、あたかもあなたが毎日シャンパンを開けているかのように映る、落ち着きはらった態度で任務を完了することです。とはいえ、今にも大惨事が起こるのではないかとびくびくしつつ、これをやってのけるのは並たいていのことではありません。安いスパークリングワインを使って二、三度練習し、そんな不安を克服しましょう。次に示す方法にしたがって練習してください。

まず、針金とコルクを覆《おお》っているアルミホイルのキャップシールをはずします。ボトルの首部分のホイルまで剥《は》がしてみっともないことにならないよう、小さなタブがついているものもあります（私の経験では、このタブは見つからないか、引っぱるとちぎれてしまうかのどちらかです）。

ボトルの首を片手でしっかり持ち、早すぎる噴出という気まずい事態の予防策として、親指でコルクの上部を押さえつけておきましょう。ボトルの口の下部分から針金をほどいていき、取りはずします。次に、ボトルを持っている手を、ボトルの胴のいちばん太い部分にずらし、体からむこうに向けて四五度の角度で傾けてください（これについてはのちほど）。空いているほうの手でコルクをしっかりつかみ、コルクではなくボトルのほうを回していき、コルクがゆるんできたら、抜けそうな状態になるまで、スピードを落としてボトルを回します。動くのを拒否する反抗的なコルクにあたってしまったら、コルクをつかんで前後に揺り動かし、ガラスとコルクの密着度をゆるめましょう。

さて、私はなぜ、コルクではなくボトルを回してくださいと申し上げたのでしょうか？　この動きは完全に相対的であるため、どちらを回すかは問題ではないと、ニュートンもアインシュタインも意見が一致しています。一斤《いっきん》のパンをスライスするとき、パンのほうをナイフにこすりつけて切ることもできるわけですから。でも、考えてみてください。コルクをねじってはずすとなると、何度も指の位置を変えなければならず、そのたびにコルクを押さえている指を離すことになります。そのうちの一回、中身が噴き出して止まらなくなれば、床はシャンパン浸し、あなたの顔はお客様から投げつけられた生卵まみれ。

最後に、ボトルの傾け方について。まっすぐ持つのは、もちろんいけません。コルクが吹き飛び、あなたの顔面を直撃という危険性がありますから。かといって、水平に近いような持ち方をすると、首の部分が液体で満たされるため、「頭隙」のガスはボトルの肩まで漂《ただよ》っていってそこで泡を形成します。そして、あなたがコルクを抜いて圧力を解放したとたん、泡は一気に膨張して、首の部分の液体を噴き出させます。四五度に傾けると、頭隙のガスはほぼ確実に、本来あるべき首の部分に留まることができるのです。

作ってみよう25

シャンパンゼリー　——デザートにシャンパンを

シャンパンは飲むだけのものではありません。食べることもできます。この華やかさあふれるデザートには、シャンパンの風味を、そして泡までも閉じこめることができるのです。カリフォルニアのパティシェ、リンジー・シアーが生み出した発泡性の柔らかなゼリーは、文字通り、口の中で溶けていきます。手ごろな価格のシャンパンか、イタリア産スパークリングワインのプロセッコを使用してください。ゼリーをベリー類やブドウと交互に重ねることで、パフェふうに演出しましょう。

〔材料〕6人分
ゼラチン（無香料のもの）　小さじ3＋¼
冷水　240cc
砂糖　約230cc
シャンパン（辛口）　1本（750㎖）
ラズベリー　約550cc

1. 冷水の入った中型のソースパンにゼラチンを振り入れ、約5分間置き、ゼラチンをふやけさせます。
2. ソースパンを弱火にかけ、ゼラチンが溶けるまでへらで混ぜます。溶けたあと加熱しすぎないように注意してください。

3. 砂糖大さじ1を取り置き、残りの砂糖をソースパンに入れてかき混ぜ、火からおろします。砂糖が完全に溶けるまで混ぜてから、シャンパンを入れて混ぜます。浅い容器にゼラチンを移し、ふたをして、固まるまで8〜10時間、冷蔵庫で冷やしましょう。
4. ここからは、テーブルに出す直前の準備です。取っておいた大さじ1の砂糖をラズベリーにまぶしつけ、フォークでゼリーを細切れにします。
5. 6個のパフェグラスかデザートグラスにシャンパンゼリーを大さじ2〜3杯ずつ入れます。その上にラズベリーをいくつか載せ、同じことをゼリーとラズベリーがなくなるまで繰り返してください。一番上にはラズベリーを載せましょう。いただくまで冷蔵庫で冷やしておきます。

プラスチック製コルク増加の理由

ワインを買うと、ときどきプラスチック製〝コルク〟のものがあります。世界的にコルク不足なのでしょうか、それとも何か技術的な理由があるのでしょうか。

ポルトガルとスペイン西部に旅したとき、地元の人に私も同じ質問をしました。この二つの国は、世界のコルク生産量の半分以上を占めているのです。ところが納得できる答えはもらえませんでした。なんというか、カイコを相手に、ポリエステルについて質問しているような感じでした。

帰国後、なぜ多くのワインメーカーがプラスチック製の栓に切り替えているかを知りました。そう、たしかにプラスチック製は最高級の天然コルクより安価なのですが、コストもさることながら、技術的なこともかかわっているのです。

コルクがコルクガシの木からとれるのは、ご存じのことと思います。コルクガシの樹皮を剥《は》ぎとって作るのですね。

コルクガシは再生可能資源の優等生と言えるでしょう。木が成長しきるまでに二五年かかるのですが、それ以降は、樹皮を何度剥ぎとっても新たに再生するのです。樹皮をとるときは、幹と太い枝の円周をはかり、樹皮に縦方向の切りこみを入れてシート状に剥ぎとります。その後、熱湯で煮沸消毒し、積み重ねて乾燥させ、平らな板状にします。ポルトガルで見た、どこまでも続くコルクガシの森では、木の一本、一本に白いペンキで大きな数字が書かれていて、それは前回、樹皮が剥ぎとられた年を示しているのでした。次に剥ぎとられるのは、その年から九年後になります。

私は剥ぎとられたばかりの樹皮を見て、それまでずっと抱いていた疑問がとけて、うれしく思いました。それは、ワインコルクを作れるほどの厚みが、樹皮にはあるのかという疑問でした。ええ、九年でその厚みになるのです。ワインコルクは、縦に細長いクッキーの型抜きをするように、板状のコルクを垂直に打ち抜いて作られます。

コルクがワインボトルの栓として利用されてきた数百年を通じて、絶えることのない問題が一つありました。コルク臭、もしくはワイン臭と呼ばれるもので、コルクの数パーセントはカビに汚染されて異臭をもつようになり、ワインの風味に悪影響を及ぼします。現代のワインメーカー、とくに大手のメーカーのしっかりした品質管理のおかげで、あなたの買うワインにコルク臭がある確率は二〜八%の間まで下がっています。それでもなお、プラスチックにはカビが発生しないという理由から、コルクを合成プラスチックに替えるのは魅力的な選択肢なのです。

コルク臭が発生するプロセスは次のようなものです。

樹皮の剥離《はくり》、選別、貯蔵、加工の過程には、樹皮にカビが発生しやすい条件がいくつもあります。コルク栓に成形したあと、通常、殺菌と漂白のために塩素溶液で処理しますが、塩素はカビをすべて死滅させることはできず、おまけに、コルクに存在する天然のフェノール類*から、クロロフェノールという化学物質を生成する副作用もあるのです。生き残ったカビと、たとえばポルトガルからカリ

*フェノール類
ヒドロキシ基(-OH)を含むなど、いくつかの特徴を持つ化合物の総称。フェノール類の最も単純なものはフェノール(C_6H_5OH)。また、よく耳にするポリフェノール——ワインや茶に含まれるカテキン、蕎麦に含まれるルチン、ワインに含まれるタンニン、大豆に含まれるイソフラボンなどの総称——は、その分子内に複数(poly)のフェノール性ヒドロキシ基を持つことからこう呼ばれる。

フォルニアへの長い船旅の間に加わったカビは、クロロフェノールの一部を2,4,6-トリクロロアニソール、頭文字をとって〝TCA〟と呼ばれる、強烈な臭気物質に変換することがあります。このTCAこそ、ワインのコルク臭の原因なのです。TCAはわずか数ppt（一pptは一兆分の一）の濃度で検知されます。

プラスチックの〝コルク〟は、使用量の差はあれ、今では世界中で二〇〇を越えるワインメーカーが使っています。ネオコルク社やノマコルク社のような企業は、押し出し成形でポリエチレンのボトルストッパーを何百万個という単位で生産しています。一方、シュプリームコルク社は金型成形でプラスチック製コルクを生産しています。

合成コルクは、ほんもののコルクと比較してどうなのでしょうか？ 漏《も》れがないか、あるいは酸素を締め出すことができるか。また、多くのワインメーカーがコルクに宣伝文句を印刷するため、印刷適性も求められます。こういった検査に、合成コルクは合格しているように思えます。しかし、合成コルクの歴史はまだ浅く、長期使用時の劣化に関するデータがないため、ほとんどのワインメーカーは若いうち、たとえば瓶詰めから六か月以内に飲むワインに使用しています。ただしネオコルク社は、同社の合成コルクは一八か月もの間、品質を保持できるとしています。

けれど、最高品質のワイン一本に一〇〇ドル以上も払うようなワイン通は、奇をてらったはやりものの栓など見たくないはずです。気取った雰囲気をやわらげようとして、自社の最高級品に、プラスチック製の栓や、信じられないことに、ねじ蓋まで使用しているワインメーカーもあります。まあ、たしかにアルミキャップは気密性にすぐれ、カビもはえず、道具を使わずに開けられますから、理想的だとは言えるでしょう。
次に来るのは、何でしょうか？　紙パック入りの高級赤ワイン、ムートン・ロートシルト？

コークスクリューはやすりで研《と》ぐ

最近のワインボトルには合成〝コルク〟を栓にしているものがあり、これが硬いプラスチック製だと、コークスクリューも、それを操るあなたもたいへんな思いをすることになります。コークスクリューの先端が尖っているかどうかチェックし、鋭さが十分でなければ、やすりで研ぎましょう。これで、どんなに硬い〝コルク〟も突き通すことができます。

レストランでのコルクの扱い方

レストランで、ウェイターがワインを開けてコルクをテーブルに置きますよね。客はそのコルクを、どうすればいいのですか。

カビ臭がないかどうか、においを嗅いでくださいという意味で置かれるのではありません。今どき、カビ臭のすることなど、めったにありません。それに、味見のために少量のワインがグラスに注がれ、ムッシューなりマダムなりが二、三度グラスを回して香りを嗅げば、そのワインのことはすべてわかります。香りも味もよければ、コルクのにおいなど誰が気にするでしょう？

何かのにおいを嗅ぎたいという衝動を抑えきれない場合は、ワインが注がれる前にグラスのにおいを嗅いでみることです。消毒液や洗剤、それ以外でも何かのにおいがしたら、別のグラスを持ってきてもらいましょう。清潔なグラスは何のにおいもしないものです。まあ、あなたの注文なさったのが安ワインなら、ちょっと洗剤がついていたほうが、風味がよくなるかもしれません。

においはともかく、さりげなくコルクを見て、下のほうから途中まで湿っているか（赤ワインなら、赤く染まっているか）どうかはチェックしましょう。そうなっていれば、ボトルがちゃんと寝かせた状態で保管され、コルクはつねに湿っていて空気を通していなかったということです。

歴史を振り返れば、レストランの店主が顧客にコルクを披露したのは、コルク臭の確認とはまったく違う理由からでした。この習慣が始まったのは一九世紀のことで、不謹慎な商人が安物のワインを高価なワインと偽って売りつけるという慣習が広まり始めたときでした。ワイン製造業者は、本物であることを証明するため、コルクに社名を印刷するという対抗策を打ち出したのです。そして昔も今も、ワインボトルは必ず顧客の目の前で開けられています。

今の時代、高級レストランでコルクのにおいを嗅いだり、ルーペを取り出してコルクを念入りに調べたりして顰蹙《ひんしゅく》を買うリスクをおかすよりも、コルクは見て見ないふりをするのがいちばんです。以前の私はコースの合間になると煙草に火をつけていましたが、今はコルクをいじって楽しんでいます。

「適度のアルコール」とは具体的にどのくらい？

適度のアルコール摂取は心臓の健康に良い影響があると、あちこちに書かれています。でも「適度の摂取」とは、具体的にはどのくらいなのですか。

この質問にはたいてい、「一日につき、一ドリンク、または二ドリンク」という、とらえどころのない回答が返ってきます。しかし、「一ドリンク」って、いったい何ですか？　瓶ビール一本？　グラス一杯のワイン？　それとも、あふれんばかりに注がれた一八〇mlのマティーニ？　背の高いグラスもあれば、低いグラスもある。アルコール度数の強い酒もあれば、弱い酒もある。ある人の一ドリンクが、他の人から見れば、ほんのひと口かもしれないし、バケツ一杯に思えるかもしれない。

家庭での飲酒の場合、もしあなたが、量をはかりもせずにスコッチをどぼどぼとグラスに注ぐ習慣をおもちなら、そのどぼどぼは年を追うごとに量が増える傾向があります。レストランでは、バーテンダーが気前のいい気分のとき、ケチケチした気分のとき、あなたに差し出されるアルコールの量は、それぞれどの程度なのでしょうか？　要するに、「一ドリンク」には、実際にどれだけのアルコールが含まれているのでしょうか？

これこそ、誰の心にも、いや、少なくとも私の心にはずっと引っかかっていた疑問です。USDA（米農務省）により、本書執筆時点での最新版『アメリカ人のための食生活指針』*（二〇〇〇年刊、第五版。五年ごとに改訂）が発行されて以来、ずっと。この重大な疑問に、今、この場で答えてさしあげましょう。

その前に、スポンサーならぬ私からのメッセージをどうぞ。

過度の飲酒は、事故、暴力行為、自殺、高血圧、脳卒中、癌、栄養障害、先天性欠損症、*さらには肝臓・膵臓・脳・心臓の損傷（ふー、疲れた）につながる可能性ありと警告したあと、USDAの指針は「おもに四五歳以上の男性と五五歳以上の女性の場合、適度の飲酒は冠動脈性心疾患《かんどうみゃくせいしんしっかん》のリスクを下げる可能性がある」とはっきり述べています。

（大学生諸君は早合点しないように。指針は「若年層に関しては、適度の飲酒であっても健康に資《し》することは、ほぼないと言ってよい」と続け、こんなことまで書かれているのです。「低年齢で飲酒を始めた場合、アルコール依存症におちいるリスクが増す」）

USDAの指針発行とほぼ時を同じくして、ハーバード大学の疫学研究の結果が『ニューイングランド・ジャーナル・オブ・メディスン』誌（二〇〇〇年七月六日号）に掲載されました。こ

＊**『アメリカ人のための食生活指針』**
日本でこれに類したものとしては、厚生労働省が推進する国民健康づくり運動「健康日本21」があげられる。「健康日本21」は、栄養・食生活について一四項目の数値目標を掲げており、アルコールに関しては、純アルコール換算で一日約二〇g程度が適度であるとしている。

＊**先天性欠損症**
新生児の身体に見られる奇形・変形に起因し、発達に重篤《じゅうとく》な影響をもたらす症状。ダウン症、神経管欠損、口唇裂《こうしんれつ》、また乳児の突然死の原因でもある。

れは一九八〇年から一九九四年の間、八万四一二九名の女性を追跡調査したもので、適度に飲酒をしていた女性は、まったく飲酒をしなかった女性よりも、心臓血管疾患のリスクが四〇％低いことがわかりました。もう一〇年以上前から、似たような調査結果が出るたび、大見出しで報じられています。この種の調査の結論は明らかに、ハーバード大執筆陣の言葉を借りるなら、男女ともに「適量のアルコール摂取は冠動脈性心疾患のリスクの低下に関連している」ということでしょう。

適量のアルコール摂取？　過度の飲酒？　こういった表現は、何を意味しているのでしょう？　バーにたむろする人々も含め、世間の皆さまが理解しやすいようにと、USDAの報告書は「適度のアルコール摂取」を「一日あたり、女性は一ドリンク以下、男性は二ドリンク以下」という具体的な表現にしました。男女間での量の差は、男なら酒ぐらい飲め、ということではなく、性別による体重と代謝の差によるものです。

しかし、〝一ドリンク〟を自分に都合のいいように解釈できるなら、この定義も役に立ちません。医療研究者はすぐれた科学者ですから、「一ドリンク」などという単位は使わず、つねにアルコール量をグラム単位で表します。言うまでもなく、意味のあるのは後者だけです。あの、女性は一日に一ドリンクという適度なアルコール摂取量を、さまざまな調査研究が一二〜一五ｇのアルコール量と規定しています（楽しいことに、アメリカ以外の国での「基準飲酒量（スタンダード・ドリンク）」は、アルコール八ｇのイギリスから二〇ｇの日本まで、かなり幅広いのですね）。

一二〜一五ｇのアルコールは、大まかに言えば、ビールなら一二オンス*（約三五五㎖）、ワインなら五オンス（約一四八㎖）、八〇プルーフ*の蒸留酒なら一・五オンス（約四四㎖）に含まれるアルコール量に相当します。でも、バーで「アルコール一五ｇ含有のドリンクを」なんて注文しようものなら、このお客さん、すでにかなりのグラム数が入ってるなと思われるのがオチです。

さて、ここで賞金一〇〇万ドル級の問題です。自分が飲んでいる〝一ドリンク〟や〝二ドリンク〟に含まれるアルコールが何グラムか、どうすればわかるでしょうか？

答えは意外と簡単です。飲み物に含まれるアルコールのグラム数を知るためには、アルコール飲料の液量オンス数にアルコールの体積比のパーセンテージ（蒸留酒の場合は「プルーフ」表示の半分の数字）をかけ、さらに液量オンスを㎖に換算した数字と、一㎖あたりのエチルアルコール濃度をグラムで表した数字をかけ、出た数字を一〇〇で割るだけでいいのです。

何がなんだかわからない？　そうくると思って、代わりに計算しておきました。これが計算式です。

＊飲み物に何グラムのアルコールが含まれるかを知るには、オンス数にアル

＊オンス
米国で使われる単位「オンス」には、液体をはかるときに使われる「液量オンス」、重量をはかるときに使われる「重量オンス」（常用オンスともいう）など、何種類かがある。一液量オンスは二九・六㎖。一重量オンスは二八・四ｇ。ここで使われているのは液量オンスのことであり、一液量オンスは二九・六㎖だから、五オンス＝約一五〇㎖、一〇オンス＝約三〇〇㎖。また、一〇〇㎖＝約三・四オンス。なお、米国の計量単位一般についてより詳しくは、Ｐ185〜参照。

＊プルーフ
飲料に含まれるエチルアルコールの体積濃度によってアルコール含有量を示す単位。アメリカでは、アルコール含有量の体積が五〇％の場合を一〇〇プルーフとする。

コールのパーセンテージをかけ、出た数字に〇・二三をかけます。

例一：八〇プルーフ（アルコール四〇％）のジン、ウォッカ、またはウィスキー一・五オンス（約四五㎖）の場合

↓一・五×四〇×〇・二三＝一四gのアルコール

例二：ワイン愛飲家のために——アルコール一三％のワイン五オンス（約一五〇㎖）の場合

↓五×一三×〇・二三＝一五gのアルコール

例三：ビールファンのために——アルコール四％のビール一二オンス（約三五五㎖）の場合

↓一二×四×〇・二三＝一一gのアルコール

けれど、こういったアルコールの〝標準的〟パーセンテージをあてにはできません。大部分の蒸留酒は八〇プルーフ、つまりアルコール含有量四〇％に規格化されていますが、なかには九〇～一〇〇プルーフの商品もあります。ワインは七～二四％（度数の高いものは酒精強化ワイン*）、ビールは三～九％（ものによっては一〇％）の幅があります。家庭で飲むときは、ラベルを読み、それに沿って量を決めましょう。レストランやバーではバーテンダーに尋ねれば、グラスの中身の量と、アルコールのパーセンテージをいつでも教えてもらえるはずです。ただし、色々な酒をミックスした複雑な飲み物は、誰にもわかりません。

＊**酒精強化ワイン**　酸化防止や独特の風味を出すために、酒精（エチルアルコール）を添加してアルコール度数を高くしたワイン。シェリー、ポートワイン、マディラワインなど。通常のワイン（ほとんどが一五度未満）より、度数が高い。

以上のまとめ：あなたが健康で、飲酒することを選ぶなら、一日あたりのアルコール摂取量を計算し、女性は一五g、男性は三〇gを上限にすること。

マティーニグラスを冷やすとき、氷に水は加えないで

腕のいいバーテンダーは、マティーニをミックスし、注ぐ前に、必ずグラスを冷やすものです。でも私の経験から言うと、みんなやり方が間違っています。彼らはグラスを氷で満たすと、氷とグラスの熱的接触をよくしようと少量の水を加え、一、二分そのままの状態で置きます。ところが、水を加えるのは間違いなのです。冷凍庫から出した氷は零度《れいど》以下。そのはずです。そうでなければ氷ではありません。しかし、あとから入れた水は零度以下にはなりえませんから、氷のもつ冷却力を弱めてしまいます。家庭でマティーニを作る場合は、グラスに氷（クラッシュアイスでもけっこうです）を入れ、でも水は入れないで。冷凍庫から出したばかりの氷は零下八℃か九℃の冷たさです。心配しなくても、氷がグラスに触れた部分から、じわじわ自然に溶けていきます。

作ってみよう26

とびきりマルガリータ――これで乾杯！

テキサス州サンアントニオの地で、3日間にわたり、可能なかぎり多種類のマルガリータを試すという過酷な調査を終えて帰宅した私は、現地で最高のクオリティだと思ったものを取り入れて、私自身のレシピを調合しました。多くのレシピには、オレンジの香りをつけた、いわゆるオレンジ・キュラソーの一流品、コアントローやグランマルニエなどを使用と書かれていますが、オレンジの外皮のオイルやブランディは強すぎて、テキーラの味わいを抑えこんでしまいます。テキーラの風味こそが、マルガリータの主役なのに。私が最適だと思うのは、ハイラム・ウォーカー社などの、控えめな風味のトリプル・セック*です。このマルガリータは甘くて飲みやすいのですが、グラス1杯に16gのアルコールが含まれていますから、時間をかけて〝ちびちび〟飲むようにしましょう

マルガリータ・グラスの縁《ふち》の塩は、グラスの中に落ちないよう、縁の外側だけにつけます。私はライムジュースに浸《ひた》した指で、縁の外側の表面だけを

＊トリプル・セック

図7―3　コンビエ社のトリプル・セック

湿らせるようにしています。

〔材料〕マルガリータ2人分、各16gのアルコール入り

ライムジュース（絞りたてのもの）　30㎖

コーシャー・ソルト〔粗塩で代替可〕

クエルボ・エスペシャル・テキーラ*　90㎖

トリプル・セック（ハイラム・ウォーカー社）〔他社のものでも代替可〕　30㎖

角氷または割った氷（クラッシュアイスは不可）

1. 指をライムジュースに浸し、マティーニグラス2個分の縁の外側を湿らせます。器に盛った塩にグラスの縁を押しあてて回転させ、縁の外側についた塩を残し、あとはきれいに拭《ふ》き取ってください。カクテルができるまで、冷凍庫でグラスを冷やしておきます。

2. ジガー（メジャーグラス）か目盛り付きショットグラスで液体の材料を計量し、カクテルシェーカーに入れていきます。氷を加えて15秒間激しくシェイクしたあと、冷えたグラスに注ぎましょう。

*クエルボ・エスペシャル・テキーラ　メキシコの世界的なテキーラブランド、ホセ・クエルボ社製のテキーラ。カクテルベースとしても評価が高い。日本でも入手可。図7—4

第 8 章

電子レンジの謎

英国の随筆家にして批評家のチャールズ・ラム（一七七五～一八三四）は『焼豚に関する論文』の中で、人類が「最初の七万年」の間、「生きた動物から肉を引きちぎり、あるいは噛みちぎって」生肉を食べる生活を送ったあと、いかにして加熱調理を、より正確に言うなら火あぶりという方法の発見に至ったかを、嘘かほんとか、ユーモアたっぷり、大まじめに語っています。

伝えられるところでは、このエピソードは中国の古文書の中から発見されたとか。ある豚飼いの年若い息子が誤って火事を起こし、自分たちの住む小さな田舎家は全焼し、中にいた九頭の豚も焼け死んでしまいました（どうやら豚飼いの人々は豚と同じ家に住んでいたらしい）。身をかがめて豚の死骸《しがい》に触れた息子は指をやけどし、とっさに指を口の中に押しこんで冷やそうとしました。すると、それまで人類が経験したことのない、えもいわれぬ味わいが口の中に広がったではありませんか。

焼けた豚を食べ、そのおいしさに味をしめた親子は、それから何度も何度も、家を建てては豚を入れて家ごと燃やし、すばらしい風味の焼豚を作りました。建てる家は、だんだん小さくて粗末になっていきました。そうこうするうち、親子の秘密は人の知るところとなり、まもなく村人全員が、粗末な家を建てて中に豚を入れ、燃やすようになったのです。やがて、「時は流れ、一人の賢人が現れて（中略）豚の肉は、あるいはどんな動物の肉であろうと、動物を囲う家ごと燃やすことなく、焼く（村人の言葉で言うと、あぶる）ことができるのではないかと気づいた」

それ以来、われわれ人類は、加熱調理したいと思えば火をおこすという生活を続け、二〇世紀初頭を迎えました。その頃には台所の炉で火をおこすことを学んでいましたし、のちには、かまどと呼ばれる囲いの中に火を閉じこめるようにもなりました。それでも、豚を焼くことも、湯を沸かすことでさえ、燃料を手に入れ、それに火をつけなければできませんでした。

しかし今や、その必要はないのです。

もしも、人里はなれた場所で、一つの巨大な焚《た》き火をおこし、そのエネルギーを何らかの方法で捕え、何千という家庭の台所に、新鮮なミルクと同じように直接届けられたら？　今は、それができます。電気という奇跡のおかげで。

膨大な量の燃料を中央プラントで燃やし、火の熱で湯を沸騰させて蒸気を作り、その蒸気を使って電気を発生させ、あふれ出す電気エネルギーを、何百キロも離れた何千軒もの家庭の台所に銅線を通して送り、そこでは何千人もが、送られてきたエネルギーを再び火という形に戻して、さまざまな食材をローストし、こんがり色をつけ、ボイルし、あぶり、オーブンで焼きます。すべて、たった一つの火を熱源として。この方法を人間が発見したのは、ほんの一〇〇年前のことでした。

この、火の新しい伝送方法が最初に使われたのは、ガスに代わって、街灯などの照明としてでした。一九〇九年、電機メーカーのゼネラルエレクトリック社とウェスティングハウス社が初代電気トースターを発売し、電気は台所の中に入りこんできました。電気コンロ、オーブン、冷蔵庫がそれに続きました。今はもう、電化製品なしに食事を作ることは無理と言っていいくらいです。電気コンロ、ブロイラー（肉焼き器）、泡だて器、ミキサー、ジューサー、フードプロセッサー、コーヒーメーカー、炊飯器、ホームベーカリー、揚げ物器、電気中華鍋、電気スチーマー、電動スライサー、そして電動ナイフも（私は以前、電動ナイフといっしょに使う電動フォークを発明したのですが、まったく人気が出ませんでした）。

さて、加熱調理用エネルギーをめぐる人類の物語は、これで終わったのでしょうか？　ええ、いったんは終わっていたのです。今から五〇年ほど前、火を使わずに調理用の熱を作り出す、それまで存在しなかったメソッドが発明されるまでは。そう、電子レンジです。この電化製品を動かす最新の原理を理解できる人はごくわずかで、結果として、多くの人が電子レンジに不安を抱きました。電子レンジを怖がり、疑惑の目で見ている人たちは今でもいます。どこにでもあるにもかかわらず、電子レンジは不可解な家電ナンバーワンの地位を維持しています。たしかに電気で動くのだけれど、それ自体は熱くなることもなく、夢にも思わなかったような方法で食品を加熱する。これは、百万年を超える歴史のなかではじめての斬新な加熱調理法なのです。

これまで私に届いた質問のなかで、電子レンジに関するものが、おそらく他のどのテーマよりも多いでしょう。ここからは、最も頻繁に寄せられた質問をいくつかご紹介します。何か疑問に突きあたったときにはご自分で解決できるよう、私の回答で電子レンジに対するあなたの理解が十分に深まることを願いつつ。

マイクロ波《は》とは

マイクロ波とは何ですか。

家庭で料理する人たちの、電子レンジに対するあまりに大きな不安を見ていると、あれはキッチンサイズの原子炉なのかと思ってしまいそうです。食品に関する書籍の著者のなかには、この状況を良い方向に導けそうもない人たちがいます。マイクロ波と放射能の違いもわかっていないようですから。たしかに、この二つはどちらも放射線*ですが、それを言うなら、退屈なホームドラマを届けてくれるテレビからも放射線が出ています。*どれを避けるべきか、順番をつけるのは難しいのです。

マイクロ波は電磁波《でんじは》の一種である電波で、電波の中でもとくに短い波長*と大きなエネルギーをもっています。波長とエネルギーは関連していて、波長が短いほどエネルギーは大きくなります〔電磁波の種類と特徴については図8—2参照〕。電磁波は純粋なエネルギーの波で構成されていて、光速で空間を伝わります。実を言うと光自体が、マイクロ波よりさらに波長が短く、エネルギーの大きい電磁波で構成されています。〔電磁波を含む〕それぞれの放射線固有の波長とエネルギーが、その放射線独自の特性を決めるのです。だから、光で食物を加熱調理は

***放射線**
広い意味では、さまざまな電磁波や粒子線の総称として使われる。狭い意味では、ウランなどの放射性元素が崩壊する際に放出される電磁波や粒子線（アルファ線、ベータ線、ガンマ線など）を指す。本文では広い意味で使われている。

***テレビから放射線**
ブラウン管型のテレビからは非常に微量のX線が放出されている。

種類	特徴・用途	波長（標準）	周波数
AM ラジオ	普通の電波	300m	1MHz
テレビ、FM ラジオ	AM ラジオの電波より周波数が高い	3m	100MHz
マイクロ波	電子レンジ、携帯電話などに使われる	1 ～ 10cm	2.5 ～ 3GHz
熱赤外線	熱のある物体から放出される	0.002cm=20μm	1 万 5000GHz
近赤外線	太陽光に含まれる。目に見えない	1μm	3×10^{14}Hz
可視光線	人間の目に見える光	0.5μm	6×10^{14}Hz
紫外線	太陽光に含まれる。目に見えない	0.3μm	10^{15}Hz
X 線	骨を透過しない	10^{-9}m	3×10^{17}Hz
ガンマ線	原子核から放射される。ガンの原因になる	10^{-11}m	3×10^{19}Hz

図8－2　電磁波の種類と特徴
波長が大きいものほど遠くまで届く。たとえば AM ラジオの電波は FM ラジオの電波より波長が長いので、遠距離まで届く。μm= マイクロメートル = ミクロン。
周波数は、単位時間あたり（ヘルツ =Hz の場合は 1 秒）に波が何回繰り返されるかを示す。周波数が高い（波の回数が多い）ものほどエネルギーが大きい。

できないし（ただしP199～参照）、マイクロ波で読書をすることはできないのです。

マイクロ波を発生させるのは、マグネトロンという真空管の一種です。マグネトロンはお宅のオーブン、つまり密閉された金属の箱の中にマイクロ波を吐き出し、マグネトロンが作動しているかぎり、マイクロ波は庫内で跳《は》ね回りつづけます。マグネトロンの規格はマイクロ波の出力によって決まりますが、ふつうは

＊波長
波一つ分の長さ。
図8－1

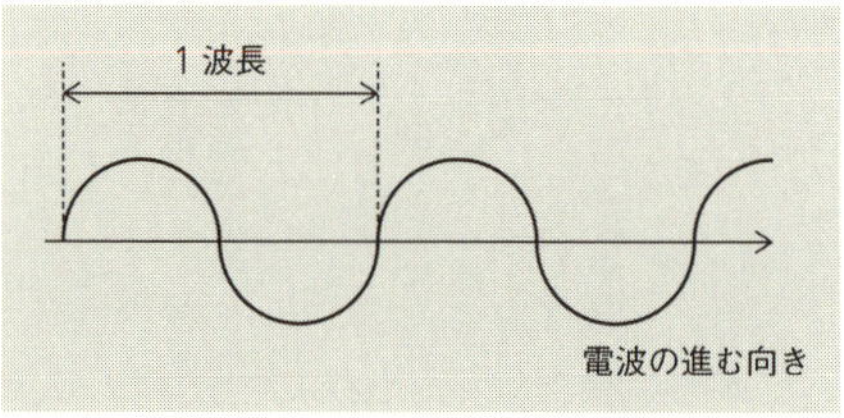

六〇〇〜九〇〇ワットです（これは発生するマイクロ波のワット数であって、電子レンジの使用電力のワット数ではないことにご注意ください。後者の数値のほうが高くなります）。

しかし、これですべてが説明されたわけではありません。電子レンジの加熱調理のパワー、ひいては、どれだけ速く仕事をしてくれるかは、庫内のスペースの一立方フィート（約〇・〇二八立方メートル）につき、何ワットのマイクロ波が存在するかによって決まります。電子レンジを比較するには、マイクロ波のワット数を立方フィート数で割ります。たとえば八〇〇ワット、〇・八立方フィート（約〇・〇二二立方メートル）の電子レンジなら、相対的な加熱調理のパワーは、八〇〇÷〇・八＝一〇〇〇。これはきわめて標準的です。電子レンジが違えばパワーも違いますから、どの電子レンジにもあてはまるような加熱時間は、レシピには書けないのです。

熱は「水分子の摩擦《まさつ》で生じる」というよくある説明は誤り

マイクロ波はどのように熱を生み出すのですか。ある解説によれば、水分子同士の摩擦によって熱が出る、とありますが。

この質問の答えを、食品に関する本で探そうとしてはいけません。私の食品関連書庫に納まっている本は、ただ一冊を除き、電子レンジ料理だけに焦点を絞《しぼ》った本も含めてすべてが、この質問から完全に逃げているか、そうでなければ、読者の誤解を招く同じ答えを載せています。この問題から逃げるのは、電子レンジは魔法の箱という、ちっとも役に立たない考えを助長するだけです。しかし、間違った答えを世間にばらまくのは、さらに質《たち》の悪いことです。

いたるところで目にする、説明になっていない説明は、あなたが読んだ解説のように、「マイクロ波のはたらきで水分子が互いに体をこすりつけ合い、その結果生まれる摩擦が熱を生じさせる」というものです。この誤った情報を見て、私は絶望のあまりおでこを机にこすりつけました。摩擦など、何の関係もないのです。水分子どうしがこすりつけ合って熱を発生させるだなんて、ばかばかしいにもほどがある。どうぞ、水分子を二個、こすり合わせて火をおこしてみてください。とはいうものの、この捏造《ねつぞう》された摩擦説は、電子レンジに付いてくる取り扱い説明書にまで載っていることもあるのです。

　では、ほんとうに起こっていることをご説明します。

　食品中の分子のなかには、とくに水分子はそうですが、小さな電磁石のようなはたらきをするものがあります［専門的に言うと：その分子は電気双極子《そうきょくし》*である。言いかえれば極性分子である］。この種の分子は、電場の方向に合わせて向きを変える傾向があります。ちょうど、羅針盤の磁石が地球の磁場に方向を合わせる傾向があるように。電子レンジのマイクロ波の周波数は二・四五ギガヘルツ［＝二四億五〇〇〇万ヘルツ。毎秒二四億五〇〇〇万回の波を繰り返す］。一秒間に四九億回、反転する電場を生み出

＊双極子
両端のどちらかが正電荷、反対側が負電荷を帯びている分子。

しています。かわいそうに、小さな水分子たちは必死でその動きについていこうと、一秒間に四九億回、後ろに前にと方向を変えます。

マイクロ波に刺激されて狂ったように反転を繰り返す分子は、動揺して、隣接する分子にぶつかり、小突き回します。はじけたポップコーンの粒が、まわりの粒を突きとばすような感じです。静止していた分子は、仲間から突きとばされて高速で動く分子になりますが、高速の分子ということは当然、熱い分子です。こうして、マイクロ波に誘発された分子の反転は、広範囲にわたる熱に変わっていくのです。

以上の説明の中で、分子間の摩擦についてまったく言及しなかったことにご留意ください。摩擦とは、念のために申し上げますと、二つの固体の表面が、互いの上を滑《なめ》らかに動くのを妨害する抵抗のことを言います。この抵抗は運動エネルギーの一部を奪いますが、奪われたエネルギーはどこか別のところに姿を現さなければなりません。エネルギーは忽然《こつぜん》と消えてしまったりしませんから。そこで、熱として姿を現します。高摩擦性のゴムタイヤや、低摩擦性のホッケーパックならそれでかまいません。しかし水分子は、電子レンジの中で熱くなるために、分子のマッサージ師に揉《も》んだりこすったりしてもらう必要はありません。マイクロ波を吸いこんで高速で反転している隣の分子から、小突き回されるだけでいいのです。

意外なことに、電子レンジは氷を融かすのが得意ではありません。氷の水分子は強く結合して緻密な構造［専門用語：結晶格子《こうし》］を形成しているため、マイクロ波の振動に反応して反転したいのはやまやまでも、できないのです。冷凍した食品を電子レンジで解凍するとき、加熱しているのは食品のうち氷ではない部分がほとんどで、そこから熱が氷の結晶に流れこんで融かすのです。

スポンジの消毒に電子レンジを使う

シンクやキッチンカウンターを拭くのに合成スポンジを使っている場合、ときどきは消毒したほうがいいでしょう。カウンターの上で生肉を扱ったり鳥をさばいたりしたあとは、なおさらです（いずれにしてもそれはやめて、使い捨てのパラフィン紙の上でやりましょう）。熱湯で煮沸《しゃふつ》消毒することもできますが、もっとてっとりばやい方法は、びしょびしょのスポンジを皿に載せてレンジに入れ、高出力で一分間、加熱することです。さわれないくらい熱くなっていますから、取り出すときには気をつけて。スポンジを食洗機に入れる人もいますが、多くの食洗機は殺菌に必要な温度まで達することはありません。

加熱後に料理を放置する理由

電子レンジで食品を加熱したあと、しばらくそのまま置いておかないといけない場合があるのはなぜですか。

同じ電磁波という一族に属していても、周波数もエネルギーもずっと大きいX線とはちがい、マイクロ波が食物の中に入りこめるのは表面から二、三㎝が限界。エネルギーはその範囲内で完全に吸収され、熱に変わります。これが、レシピや〝賢い〟レンジが「蓋《ふた》をして、しばらく置いてください」と命令する理由の一つです。食物の外側の熱が内側まで浸透していくには、時間がかかるのです。命令好きのレンジがいない場合は、ときどき止めて食物をかき混ぜながら加熱するよう、レシピが教えてくれるものです。これも理由は同じ。

熱が行き渡るのには、二つの形があります。まず、食物の中で最も熱い分子たちが、隣接する、それほど熱くない分子たちにぶつかって、自分たちの運動、つまり熱の一部を伝達することにより、熱が食物の中心部に向かって徐々に浸透していくという形。

もう一つは、水分のほとんどが蒸気になったあと、食物の中に拡散しながら熱を放出していく形です。電子レンジで加熱する際、たいてい容器の蓋をきっちり閉めないのは、そういう理由からです。熱い蒸気を逃したくはないけれど、圧力が高まって蓋が吹き飛んでしまっては困る、ということなのです。どちらの形の熱伝達も進行は遅いため、熱が均一に広がるための時間を十分にとらなければ、食物には熱い部分と冷たい部分のむらができてしまうでしょう。

ほぼすべての食物は水分を含んでいますから、ほぼすべての食品が電子レンジで加熱できます（乾燥マッシュルームなどはレンジで調理しないでください）。しかし、水以外の食物の分子にも、マイクロ波によって加熱されるものがあります。代表的なのは脂肪と糖です。だからベーコンはレンジで調理すると火が通りやすく、レンジでレーズン入りマフィンを温めると、マフィン自体は温かい程度なのに、中の甘いレーズンは舌をやけどするくらいの過熱状態になることがあるのです。

したがって、脂肪分と糖分の多い食品については、注意するに越したことはありません。非常に熱くなった場合、水分子は蒸気として蒸発することができますが、脂肪と糖は不測の事態を招く危険要因として、そこに留《とど》まります。このことからも、レンジ加熱した食品は必ず、蒸気がおさまり、熱が均一に行き渡るまでしばらく待ってから取り出し、食べるのが賢明だと言えます。

動いたり止まったりする理由

うちの電子レンジは、動いたり止まったりを繰り返しています。なぜですか。

マグネトロンが、熱が食品に行き渡るための時間を与えるよう、断続的に作動しているのです。あなたが電子レンジを全〝出力〟に設定するとき、マグネトロンのワット数を調節しているわけではありません。マグネトロンはつねに、該当する規格の全出力でしか作動できないのです（ただし、この回答の最後の部分をご参照ください）。あなたが設定しているのは、マグネトロンが作動する時間のパーセンテージです。たとえば「出力五〇％」は、半分の時間だけ作動しているということ。オンとオフを繰り返しているような回転音は、マグネトロンの冷却ファンの音です。

高機能のレンジには、オンとオフの多様な組み合わせと時間の長さがプログラムに組みこまれていて、たとえば「料理の温めなおし」「ベイクトポテトの調理」「冷凍野菜の解凍」、そして何よりも大事な「ポップコーン」など、特定のメニューに応じて効率よく作業を行うものがあります。

最後に、電子レンジの比較的新しい進歩として、「インバーター・テクノロジー」があることを記しておきます。このタイプのレンジは、オンとオフを繰り返す代わりに、低出力を継続しながら作動することで均一な加熱が可能になっています。

オーブンより高速加熱できる理由

電子レンジは、どうしてオーブンよりもずっと速く加熱できるのですか。

ガスオーブンや電気オーブンの場合、食物を加熱する前に二〜四立方フィート（約〇・〇五六〜〇・一一立方メートル）の空気を加熱しなければならず（いわゆる〝オーブンの予熱〟）、その後、熱い空気から食物に熱エネルギーが伝達される形になります。これは非常に時間がかかり、かつ、きわめて非効率的なプロセスです。一方、電子レンジは、空気や水（茹でる場合など）といった中間物なしで、食物の中に直接エネルギーを送りこむことにより、食物を——食物だけを——加熱します。

電子レンジ料理本でときどき見かける、マイクロ波による加熱が速いのは「マイクロ波は極小で、速く伝わるから」という記述は、ナンセンスです。波長の長さに関係なく、電磁波はすべて光速で伝わります。それに、マイクロ波の「マイクロ」は「極小」という意味ではありません。本質的に超短波電波であることから、「マイクロ波」と名づけられたのです。

途中で食品の向きを変える理由

電子レンジで加熱するとき、途中で食品の向きを変えたほうがいいと言われるのはなぜですか。

庫内のどこをとってもマイクロ波が完全に均一に行き渡り、食品のどの部分も同じ強さの熱を受けるような電子レンジを設計するのは、困難なことです。さらに、レンジの中の食品によってマイクロ波が吸収されますから、たとえ均一性があったとしても、それによって乱れてしまいます。台所用品店でマイクロ波に反応する安価な装置を買って、レンジの中の色々な場所に置けば、位置によってマイクロ波の数値が異なるのを確認できます。

この問題の解決法が、食品の向きを変え、吸収できるマイクロ波のむらをなくして平均化することなのです。最近のレンジはほとんど、自動的に回るターンテーブルがついていますが、*そうでない場合、多くのレシピや、冷凍食品の解凍方法説明書には、加熱の途中で食品を回転させるように書かれています。

*ターンテーブルがついている
二〇一三年現在、電子レンジの主流はターンテーブルからフラットな庫内をもつタイプに移行している。フラットタイプは、マイクロ波を出すアンテナを内部で回転させたり、温度センサーを使用することで加熱むらを解消する。

金属を入れてはいけない理由

電子レンジに金属を入れてはいけないのは、なぜですか。

光は鏡に反射し、マイクロ波は金属に反射します（レーダーもマイクロ波の一種で、スピード違反を犯している車に反射して、あなたを窮地に追いこむのです）。あなたがレンジに入れたものがマイクロ波を吸収せず、跳ね返されるマイクロ波の量があまりに多いと、マグネトロンの管に損傷がおよぶことがあります。レンジの中には、必ずマイクロ波を吸収するものが入っていなければなりません。だから空っぽでレンジを動かしてはいけないのです。

電子レンジに入れた金属がどんなふるまいをするかは、あなたが電気工学の学位をもっていないかぎり、予測不能です。マイクロ波は金属の中に電流を生じさせます。もし金属の物体が非常に薄ければ、その電流を保持しきれなくなり、真っ赤に熱して溶けてしまいます。負荷のかかりすぎたヒューズが飛ぶのと同じようなものです。さらに、その金属に尖《とが》った部分があったりすると、金属は避雷針のはたらきをして、尖った部分に大量のマイクロ波を集中させ、稲妻のような火花を発生させることまであります（紙を巻いたビニールタイは、薄くてしかも尖っているため危険ですから、ご注意ください）。

ただし、電子レンジの設計技師は、問題を起こさない、安全なサイズと形状の金属を考案できますから、なかには金属のトレイやラックがついている電子レンジもあります。

どんなサイズと形の金属が安全で、どんな金属が花火を打ち上げるのか、予測するのはとても難しいことです。とにかく、電子レンジに金属製のものは入れないのがいちばんです。ゴールドなどの金属で縁《ふち》どりされた、高級なお皿も入れないでおきましょう。

作ってみよう27

電子レンジで作るパン粉

——電子レンジをトースターに

電子レンジ用の特殊な付属品には、レンジの中で熱くなって、接触した食品に焦げ目をつけるよう、金属で薄くコーティングしたものがあります。マイクロ波のエネルギーは大部分が食物の内側に吸収されてしまい、キツネ色になる「褐変反応《かっぺん》」を起こすほど表面が熱くならないため、通常、マイクロ波が食物に焦げ目をつけることはありません。

ですから、電子レンジでクルトンやトーストを作ろうとは思わないでください。でも、生のパン粉を油と混ぜれば、手早くキツネ色にすることはできます。油がマイクロ波を吸収し、熱くなり、パンを〝焼く〟のです。

素朴なタイプのパンが数切れ残り、食べるには堅すぎるけれど捨てるにはもったいないというとき、電子レンジでこのパン粉を作りましょう。パスタや野菜料理のトッピングにお使いください。

〔材料〕約250cc分

堅くなったシンプルなパン（厚切りのもので、パンの耳は切り取る）　2～3枚

オリーブオイル　小さじ2ほど

粗塩　ひとつまみ

1. パンを細かくちぎり、フードプロセッサーに入れます。投入口からオリーブオイルを少しずつ注ぎ入れながら、フードプロセッサーを回してください。お好みの大きさのパン粉になったら、塩をひとつまみ加え、再びスイッチを入れて混ぜます。

2．1のパン粉を電子レンジ対応の皿に薄く広げます。蓋をせずにレンジに入れ、高めの出力にして1分間、加熱します。一度かき混ぜ、さらに1分間、あるいはキツネ色になるまで加熱してください。もしパン粉が粗く、湿り気が残っている場合は、さらに30秒、加熱します。パン粉が細かいほど焦げやすいので、目を離さないようにしましょう。

マイクロ波が漏れて人を加熱する危険性は？

電子レンジからマイクロ波が漏れ出て、人を加熱することはありえますか。

旧式でおんぼろの、扉のゆがんだ電子レンジなら、隙間から危険な量のマイクロ波が漏《も》れることは考えられますが、精密に設計された今のレンジからは、ほとんど漏れることはないと考えていいでしょう。それに、扉が開いた瞬間にマグネトロンのスイッチは切れ、照明のスイッチを切ると光が消えるように、マイクロ波も消えます。

では、ガラス製の扉はどうなのでしょうか？　マイクロ波はガラスを透過しますが、金属を透過しません。そこで、ガラスの扉を穴あき金属板で覆《おお》ってあります。穴あき金属板は光を通すのでレンジの中は見えますが、マイクロ波の波長（約一〇cm）は大きすぎて金属板の穴を通ることができません。作動中の電子レンジから数十cm以内に立つのは危険だという考えには、根拠がないのです。

「電子レンジ対応」容器とは

「電子レンジ対応」容器の条件は何ですか。

原理的には、答えは簡単です。分子が双極子《そうきょくし》（P124参照）ではなく、マイクロ波を吸収しない容器です。そのような分子はマイクロ波に悩まされることがなく、熱くならないのです。しかし現実的には、答えはそう簡単ではありません。

なんとなんと、規制過剰だと多くの人が思っているこの社会で、政府も業界も「電子レンジ対応」という用語の意味を定めていないようなのです。アメリカ食品医薬品局（FDA）、連邦取引委員会、それに消費者製品安全委員会から、この言葉の定義を聞き出そうと試みたのですが、すべて徒労に終わりました。さらに〝電子レンジ対応〟製品の製造業者も、なぜそう呼んでいるか教えてくれたところは皆無でした（訴訟だ！　訴訟だ！）。

そんなわけで、頼れるのは自分たちだけのようです。ここに、いくつか指針になるものを挙げておきます。

＊金属：電子レンジに金属を入れてはいけない理由は、すでにご説明しました。

＊ガラスと紙：ガラス（高級なクリスタルガラスではなくて、ふつうの厨房用品のガラス）、紙、硫酸紙はつねに安全です。こういった素材はマイクロ波をまったく吸収しません。いわゆるクリスタルガラスは鉛の含有率が高く、ある程度はマイクロ波を吸収するため、温かくなることがあります。厚手のものは、熱による圧力でひび割れが起こる可能性があります。高価なものはレンジに入れる危険をおかなさいことをお勧めします。

＊プラスチック：プラスチックもマイクロ波を吸収しません。しかし、レンジで加熱した食品はかなり熱くなりますから、素材を問わずどんな容器も、食品の熱で熱くなります。食品保存用の薄いプラスチックバッグ、マーガリンの容器、飲食店の発泡スチロール製持ち帰り用容器など、軟弱なプラスチックは食品の熱で溶けることもあるかもしれません。プラスチック製の冷蔵庫用保存容器も、種類によっては形がゆがむことがあります。これは経験から学ぶしかないでしょう。

＊セラミック：セラミックのカップや皿はたいてい問題ありませんが、なかには、マイクロ波を吸収して熱くなるミネラルを含有しているものがあります。あやしいと思ったら、容疑者のセラミックを検査してみましょう。セラミック容器の中には何も入れず、水を入れたガラス製計量カップといっしょに電子レンジで加熱します。もし検査対象が熱くなったら、電子レンジ対応で

はありません（水を置くのは、マイクロ波を吸収させて、先述した空っぽの電子レンジの問題を避けるためです）

私たちの生活をさらに複雑にするのが、陶器のマグやカップのなかには、完全に無害で、エネルギーを吸収しないにもかかわらず、電子レンジに入れるとひび割れるものがあることです。古くなって釉薬《ゆうやく》が砕けたりひび割れたりしはじめると、釉薬の下の粘土の気孔《きこう》に、洗い物のときなどに水が染みこみます。そのあと電子レンジにかけられると、閉じこめられている水が沸騰し、その蒸気圧でカップにひびが入ることがあるのです。めったにないこととはいえ、縁《ふち》が欠けている、あるいは貫入《かんにゅう》*の入っている先祖伝来のカップは、レンジに入れないことです。

＊**貫入**《かんにゅう》　陶器を焼いたあとの冷却過程で、土と釉薬《ゆうやく》の収縮比率の差から、釉薬に細かいひびのような模様が入る現象。

「電子レンジ対応」なのに熱くなる

「電子レンジ対応」容器でも、レンジに入れると熱くなるものがあるのはなぜですか。

「電子レンジ対応」が意味するところは、その容器がマイクロ波を直接吸収して熱くなることはない、というだけです。しかし容器の中の食物はマイクロ波のエネルギーを吸収し、したがって熱くなり、前項でも指摘したように、その熱の多くは容器に伝達されます。容器がどの程度熱くなるかは、その容器がどれくらい効率よく食物から熱を吸収するかにより、それは素材によって――〝電子レンジ対応〟素材のなかでも――かなり違いがあります。加熱後の容器をレンジから取り出すときは、必ず鍋つかみを使いましょう。また、閉じこめられた蒸気はとても熱くなっていますから、容器を開けるときは注意してください。

電子レンジで湯を沸かすのは危険？

電子レンジでお湯を沸かすのは危険でしょうか。

答えは「いいえ」でもあり、「はい」でもあり。いいえ、そんなに危険なことはおそらく起こらないでしょう。でも――はい、気をつけたほうがいいでしょう。レンジで加熱して、まだ勢いよく沸騰するところまでいっていない湯は、まさに地雷のようなものなのです。

マイクロ波のエネルギーは、カップに入った水の外側二、三㎝にしか吸収されませんから、水全体がむらなく沸点に達するためには、発生した熱が内側の水に拡散していかなければなりません。この熱の拡散は時間がかかるため、カップの水全体が沸く前に、外側の水の一部が非常に熱くなることがあります。ときには、沸騰せずに沸点に達することさえあります。これは「過熱」と呼ばれます。水は、というよりどんな液体も、十分に熱くなっても沸騰しないことがあるのです。沸騰するためには、蒸気の泡を作るのに十分な分子が集合する、都合のよい場所が必要です［専門的に言うと：分子は核形成部位を必要とする］。核形成部位は、ごく小さな塵《ちり》、水の中の不純物、小さな気泡、さらに、カップの内側の顕微鏡でしか見えないような疵《きず》の場合もあります。

さて、ここに、清潔でツルツルして傷一つないカップに入った、クリーンな純水があると仮定しましょう。つまり、核形成部位はまったくないと言っていい状態です。カップを電子レンジに入れ、もちろん急いでいますから、最大出力でスイッチを入れます。すると、外側の水が激しく加熱されます。この状態は、チャンスさえあれば、ものすごい勢いで沸騰してやろうとうずうずしている、過熱水を生み出す可能性があります。そして、レンジの扉を開けてカップをつかんだとき、中身を揺することでそのチャンスを与えてしまうのです。カップが揺さぶられたことで、余分な「過熱」は、わずかに温度の低い、まだ沸騰に至っていない湯のほうへ移動し、その部分を突然、沸騰させます。この騒動で今度は、過熱状態にあった湯も急に沸騰します。その結果、予想外の沸騰で噴き出した熱湯があたり一面にまき散らされることになります。

この時間差の沸騰が、ガスコンロや電気コンロで熱した湯では決して起こらないのは、次のような理由からです。やかんの底の熱は、核形成部位の役目を果たす細かい気泡と水蒸気を絶えず発生させるため、過熱は起こりようがありません。さらに、熱された底の湯は次々と上昇して循環するので、一か所に大量の熱がたまることがないのです。

安全策として、レンジの中のカップが沸騰しているように見えても、すぐに取り出すのはやめましょう。実はまだ沸騰していなくて、思いがけないときに沸騰しはじめる部分があるかもしれません。レンジの窓から湯の状態を確認し、何秒間か勢いよく沸騰させてからスイッチを切り、取り出してください。この状態なら、湯全体がよく混ざって、どの部分をとっても沸点に達しています。

それでも、レンジから熱い液体を取り出すときには十分に注意しましょう。予想外のタイミングで沸騰して、熱湯でやけどをすることがないとは言えません。私はレンジからカップを取り出す前に、湯の中にフォークを突っこんで過熱状態の部分に〝点火する〟のが習慣になっています。沸かした湯にティーバッグやインスタントコーヒー（オエッ！）を入れると、細かい泡がシューッと立つのが見えますが、沸騰しているのではないし、危険でもありません。大部分が気泡です。湯の中に入れた固体が、それまでは存在しなかった新たな核形成部位になり、加熱前の水に溶けていたものの、数分程度の加熱では出てくることのできなかった空気を解放しているのです。

作ってみよう28

翡《ひ》翠《すい》色《いろ》のサマー・スープ

――レンジで作る夏野菜たっぷりのスープ

さあさあ、ヴィシソワーズもガスパチョも、脇にどいて。翡翠色《ひすいいろ》のサマー・スープのお出ましです。冷たくて爽《さわ》やかな風味は、どちらにも決して引けをとりません。スープだからって、何時間も煮こむ必要はありません。このスープは15分ほどでできあがります。これもみな、電子レンジのマジックのおかげです。真夏の菜園にあふれる自然の恵みをどう料理しようかと、農家のお嫁さんが考え出したのではと思わせるスープです。

このスープを美しく演出するには、白か鮮やかな色のボウルにすくい入れ、刻んだ生のハーブを散らすのがいいでしょう。低カロリーですから、少しカロリーを足してはいかがですか？　エキストラヴァージン・オリーブオイルを回しかけるか、サワークリームを少量加えれば、味がまろやかになります。

〔材料〕6～8人分

鶏のスープストック　1200cc

さやいんげん（生、刻んだもの）　480cc

ロメインレタス（普通のレタスで代替可）（生、刻んだもの）　480cc
ズッキーニ（生、刻んだもの）　480cc
グリーンピース（生）　480cc　または冷凍グリーンピース
セロリ（刻んだもの）　240cc
長ネギ（白い部分と青い部分の両方、刻んだもの）　120cc
パセリ（刻んだもの）　60cc
塩、黒コショウ（挽《ひ》きたてのもの）
ハーブ類（生、刻んだもの）
オリーブオイルまたはサワークリーム　お好みで

1. 大きいガラスのボウルに鶏のスープストック、さやいんげん、ロメインレタス、ズッキーニ、グリーンピース、セロリ、長ネギ、パセリを入れます。紙皿で蓋をし、電子レンジを高めの出力にして15分、または野菜が柔らかくなるまで加熱します。

2. スープと野菜類はとても熱くなっていますから、気をつけてレンジから取り出しましょう。少し冷ましてから、一度に250ccほどミキサーにかけていきます。冷たくすると味がぼやけますから、塩、コショウはたっぷり入れておきましょう。ピューレ状になったスープを冷蔵保存用の小型容器いくつかに分け入れ、ほかの食品が熱くならないよう、冷ましてから冷蔵庫に入れます。十分に冷やしてから、冷たくした器に入れましょう。

3. 刻んだ生のハーブをあしらい、お好みでオリーブオイルをたらすか、サワークリームを少し加えてもいいでしょう。

備考：ガスコンロでスープを料理するときは、大きい鍋にスープストックと野菜を入れ、蓋を少しずらして、15分から20分煮てください。そのあとは手順2に続きます。

食品の分子構造は変わる？

マイクロ波は食品の分子構造を変えますか。

もちろん、変えます。そのプロセスを〝加熱調理〟と呼ぶのです。すべての加熱調理法は、食品に化学変化や分子変化を生じさせます。たとえば加熱した卵は、確実に生卵とは異なる化学成分を有しています。

栄養分は破壊される？

マイクロ波は食品の栄養分を破壊しますか。

どんな加熱調理法も、ミネラル*を破壊することはありません。しかし、調理法に関係なく、熱はビタミンCなどを破壊します。

電子レンジでの加熱は均一ではありませんから、食品の部分によっては他の調理法よりもずっと高温にさらされる場合があるため、ビタミンを破壊する可能性があります。しかし、たとえマイクロ波が料理に含まれる何かのビタミンを残らず破壊したとしても、そのビタミンを含まない料理をたまに食べる程度のことが、栄養面で害になることはありません。バランスのとれた食生活を送っていれば、毎回の食事にすべてのビタミンとミネラルが含まれている必要はないのです。

＊ミネラル
カルシウム、ナトリウム、鉄などの無機質の総称。1巻P23参照。

オーブン料理より速く冷める理由

電子レンジで加熱した食品は、なぜオーブンで加熱した食品より速く冷めるのですか。

この答えを聞いて、がっくりくるほどの単純さにショックを受けられるかもしれません。レンジ加熱した食品は、そもそも、それほど熱くなってはいないのです。

レンジの中でどのように加熱されるかは、食品の種類、量、それに厚みなど、多くの要因に影響を受けます。たとえば、もしマグネトロンのオンとオフのサイクルが、調理する食品とその容器にぴったり合っていなければ、また、食物のかき混ぜかたが足りなかったり、容器の回転のさせかたが不十分だったり、もしくはその両方だったら、あるいはまた、蒸気を閉じこめるための蓋を容器にかぶせていなければ、熱は食品全体にむらなく行き渡ることができません。そして外側の部分はやけどするほど熱く、内側の部分はまだあまり温まっていないという状態になります。つまり、食品全体の平均温度は、あなたが思うよりも低いため、室温と同じ温度に下がるのも速いということです。

オーブンの場合、食品は比較的長い時間、非常に熱い空気に囲まれていますから、熱は十分に時間をかけて、食品のあらゆる部分に伝わっていきます。こうして、食品の温度は最後にはオーブン内の空気の温度と同じになり（意図的に生焼けのローストを調理しているのでなければ）、したがって冷えるのにも時間がかかるのです。

もう一つ、理由があります。オーブン調理の場合、容器は庫内の空気と同じ熱さになり、その熱は食品にそのまま伝わります。しかし〝電子レンジ対応〟容器は、熱くならないように作られています。つまり、電子レンジで加熱した食品は、その食品よりも冷たいままの容器と接触しているため、いくばくかの熱を奪い取られるのです。

それでは、章の最後に、不安と当惑にさいなまれる家庭のシェフたちから解決を依頼された、不可解な電子レンジ・ミステリ二篇をご紹介します。

エンドウ豆でわかる電子レンジの仕組み

生のエンドウ豆と水を容器に入れてレンジで茹でると、湯が煮えたぎって容器からこぼれてしまうのですが、缶詰のエンドウ豆は、同じ方法で加熱しても行儀がいいのです。何が違うのですか。

マイクロ波のエネルギーは、おもに食品中の水分に吸収されます。水分をたっぷり含んだ缶詰のエンドウ豆と、容器に入っている水のマイクロ波の吸収率はほぼ同じで、したがって、多少の差はあれ、同じように熱くなります。水が沸騰しはじめたとき、豆はほとんど同じ温度になっています。ここであなたは調理が完了したと考えて、スイッチを切ります。

一方、水分がずっと少ない生のエンドウ豆は、周囲の水ほど簡単にはマイクロ波を吸収しませんから、水のほうが速く熱くなります。ところが、温度の低い豆によって、水の均一な加熱が妨害されます。同時に、豆は泡を発生させる役割をし［専門的に言うと：核形成部位になる］、水の中に熱い部分があればどこであろうと、勢いよく噴き出させようとします。豆が十分に加熱される前にこういうことが起こるため、あなたは、もう豆をレンジから出してもいいだろうと判断するのです。

出力を最大にせず、レンジが断続的に作動する設定で加熱し、湯の熱が豆全体に行き渡る時間を設けましょう。この方法なら、湯が噴きこぼれるチャンスを手にする前に、豆に火が通っているでしょう。

さらにいいのは、冷凍のエンドウ豆を買うことです。製造業者は電子レンジで調理する最善の方法を発見していて、指示は商品のパッケージに書かれているのですから。

ミックスベジタブルを入れたら火花が発生

冷凍のミックスベジタブルをガラスのボウルに入れて、電子レンジにかけたところ、突然、まるで金属が入っているように火花が散りはじめました。急いでレンジを止め、野菜を調べたのですが、金属片はどこにも見つかりませんでした。野菜は火花で黒焦《こ》げになっていました！　同じメーカーの新しいパッケージを開けて、レンジに入れたら、また同じことが起こりました。電子レンジの修理担当者と、スーパーマーケットの危機管理部からの説明は食い違っていて、私のクレームは冷凍食品の製造業者に回され、そこから同社を担当する保険会社に回されました。いったい何が起きていたのですか？

責任のたらい回しです。え？　ああ、レンジの中で何が起きていたのか、ってことですか？　まあ、肩の力を抜いて。裁判は起こさないでおきましょう。ミックスベジタブルの中に金属なんか入っていなかったのです。黒焦げになったのは、おもにニンジンでしょう。違いますか？　おそらく、こういうことが起こっていたのです。

通常、冷凍した食品は氷の結晶を含有しています。しかしすでに指摘したように、固体である氷が吸収するマイクロ波の量は、液体である水のそれに遠く及びません。したがって、電子レンジの解凍モードは氷を直接融かそうとするのではなく、短い周期の加熱を繰り返して食品を温め、オフの状態のときに熱が広がって氷を融かす仕組みになっています。

でも、あなたは〝解凍〟モードをお使いにならなかったのですね？（あるいはお使いのレンジに解凍モードがないか）高出力で連続加熱にセットしたために、食品の温度が局部的に上がりすぎてしまい、熱がボウル全体に分散するための十分な時間もなかった。それで、高温になった部分が焦げたのでしょう。

でも、なぜニンジンだけが？　なぜ火花が？（これは面白い話ですよ）ミックスベジタブルの豆やコーンなどは丸みのある形をしていますが、ニンジンはたいてい立方体か長方形にカットされていて、角が尖《とが》っています。この薄い角の部分が、他の野菜よりも先に水分を失い、焦げました。炭化した鋭い角の部分は避雷針の先端と同じはたらきをし、電気エネルギーを引き寄せるため、電気エネルギーは他のどこへも行けなくなります［専門的に言うと：導電性の先端部分が周囲に強力な電場《でんば》勾配《こうばい》を作り出した］。つまり、ニンジンが引き寄せた強力なエネルギーが、火花を飛ばしたのです。

　ちょっと強引に聞こえるのはわかっていますが、非常に論理的な解釈なのですよ。それに、以前にも起こっています。今度はレンジの「野菜の解凍」モードを使うか、低出力に設定してください。あるいは、野菜が隠れる量の水をボウルに入れるのもいいでしょう。

だいじょうぶ。あなたのレンジに悪魔はとりついていません。

第9章

キッチンを彩る道具とテクノロジー

現代のシェフたちは他の分野のアーティスト同様、比喩的な意味での、自分自身のパレットと絵筆を持っています。それは従来の作業を容易にし、新たな作業を可能にする道具や設備という形をしています。近ごろの台所には、素朴きわまりないすり鉢とすりこぎから、先端技術を駆使して製造されたオーブンやコンロまで、ありとあらゆる道具と電化製品が誇らしげに並んでいます。

私たちは人類という種として、焚《た》き火と熱された石と土器で料理する時代からあまりに大きな進化を遂げたため（未来の考古学者は、二一世紀初頭に使用されていたホームベーカリーの破片を発掘するのでしょうか？）、どんな仕組みで動くのかさえわからずに使っている道具もあるでしょう。私たちはそんな道具を十分に理解することなく使い、誤った使いかたをすることもしばしばです。

電子レンジはただの序章にすぎませんでした。これからごいっしょに、台所への旅に出かけましょう。そこには、磁気誘導コイル、光オーブン、サーミスタ温度計など、ハイテク機器があふれています。旅の途中には、フライパンや計量カップ、ナイフ、料理用刷毛《はけ》といった、おなじみの道具を最大限に有効活用する方法も学びます。

最後は、アリスといっしょに、とある不思議の国を訪れます。毎日、毎日、ほんとうに奇跡が起こる地上で唯一の場所――それは、刺激にあふれた、すばらしい私たちの台所。その場所をめぐる旅の締めくくりにふさわしい国です。

台所用品

テフロン加工の器具はなぜくっつかない

テフロン加工などの「ノンスティック加工」をした調理器具には、どうして何もくっつかないのですか。それに、もしノンスティック・コーティングが何に対してもくっつかないなら、そのコーティング自体をどうやって鍋にくっつけているのですか。

付着は相互的なものです。付着が起こるためには、くっつく側と、くっつかれる側の両方が必要です。少なくとも片方は粘着性でなければなりません。

ここでクイズです：次の組み合わせのなかで、くっつく側を特定せよ。糊《のり》と紙。ガムと靴底。キャンディと男の子。

たいへんよくできました。

いずれの場合も、少なくともどちらか一方が、他のものにくっつくのが大好きであることが必要です。糊、ガム、キャンディは移り気なことで有名な分子を含有していて、ほぼすべてのものが、愛情の対象になりうるのです。接着剤は、可能なかぎり多くの物質に、強力に、かつ永久的に付着するように、化学者が意図的に作り出したものです。

こういったものと対極にあるのが、あのノンスティック・フライパンの黒いコーティング、PTFEです。PTFEの分子は、パートナー候補が何であろうと、くっつく側、くっつかれる側、どちらになるのもあっさり拒否します。分子間引力の働く化学世界において、これはきわめてまれなことです。強力な瞬間接着剤でさえ、PTFEにはくっつきません。

PTFEは、他の分子にはない何をもっているのでしょうか?

この厄介な疑問の発端は、一九三八年、デュポン社の化学研究員、ロイ・プランケットが、ポリテトラフルオロエチレンという化学物質を発見したことでした。幸い、この長ったらしい名前の物質にはPTFEというニックネームがつけられ、デュポン社によって「テフロン」の名で商標登録されました。

オイル不要の滑《すべ》りやすいベアリングをはじめ、数々の工業製品に姿を変えて現れたあと、テフロンは一九六〇年代の台所に登場します。そもそも汚れがつかないため、あっという間にきれいに洗えるフライパンのコーティングとしてでした。

最近のバリエーションはさまざまな商標名で知られていますが、いずれも基本的にはPTFE

で、それをフライパンにくっつけるために多くの工夫がされているのですが、これはなかなか骨の折れることです。のちほど、そのことにも触れます。

しかしまずは、なぜノンスティックでないフライパンには卵がくっつくのか、その理由を理解しましょう。

ものが互いにくっつき、また互いから離れるのにはいくつか理由がありますが、主として物理的理由か、化学的理由のどちらかです。タンパク質分子と金属の間には弱い引力がありますが、ふつうのフライパンに卵がくっつくのは、おもに物理的理由からです。凝固しつつある卵白は、極小の突起やひびにしがみつきます。フライパンの中で金属のへらを勢いよく使い、表面に傷をつけると事態はさらに悪化します。ですから私は、表面が金属のフライパンにもPTFEコーティングのへらを使っています。

物理的付着を最小限に抑えるために、私たちは調理油を使います。油はフライパン表面のひびを埋め、卵が液体の薄い層に浮いて突起に触れないようにします（どんな液体もこのはたらきをしますが、水が十分に役割を果たすためには、熱いフライパンの中でなくならないよう大量に使わなければならず、そうすると目玉焼きではなくポーチドエッグができてしまいます）。

ふつうのフライパンに対し、ノンスティック・フライパンの表面は、顕微鏡レベルで見ても極度の滑《なめ》らかさをそなえています。実質的にひびはゼロですから、食物がしがみつくものは何もありません。もちろん、ガラスや多くのプラスチックにもこの美点はありますが、PTFEは丈夫で、高温に耐えることができます。
一方の化学的付着も重要です。接着剤に見られるような世界最強の粘着性は、おもに先ほど述べた分子間引力によるもので、ということは、剥離《はくり》させるためには化学的闘争が必要になります。たとえば、ガムのかすを靴底からこそげ落とすという物理的方法が失敗に終わったら、塗料用シンナー（石油系溶剤）でとることができます。

話をふたたび台所に戻すと、フライパンの表面の原子や分子は、食物分子と弱い化学結合を形成することができます。ところがPTFEの分子は他に類のない存在で、どんなものとも結合しようとしないのです。理由をご説明します。

PTFEは二種類の原子、炭素（C）とフッ素（F）だけで構成されている重《じゅう》合体《ごうたい》＊で、炭素原子二個に対してフッ素原子四個の比率です。この六個の原子からなる分子が数千個結合して巨大なPTFE分子になり、炭素原子が連なった長い背骨から、毛虫の剛毛《ごうもう》のようにフッ素原子が突き出した形状をしています（図9—1）。

さて、いったん炭素原子と結合して落ち着いてしまうや、他のどんなものにも反応したがらなくなることにかけて、フッ素の右に出る原子はありません。そのため、PTFEの突き出したフッ素原子は、毛虫が身を守る鎧《よろい》のような役割を効率よく果たし、近づいてきた他の分子と炭素原子が結合するのを防ぎます。これ

＊重合体《じゅうごうたい》
小さな分子が長い鎖状にたくさんつらなって、大きな分子を形成している構造の化合物。ポリマーともいう。

図9—1　PTFE
（重合体の一種）

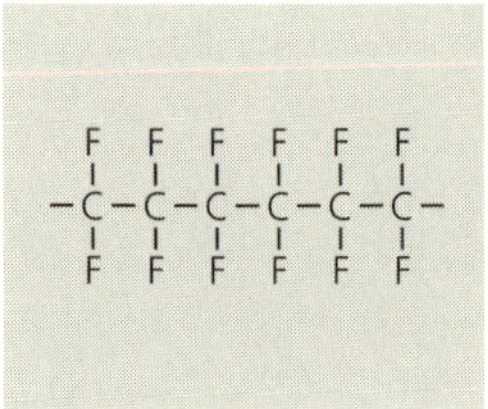

が、卵やポークチョップやマフィンの分子をはじめ、何もＰＴＦＥにくっつかない理由です。液体でさえ、ほとんどがＰＴＦＥには十分に付着しないため、濡《ぬ》らすことができないほどです。ノンスティック・フライパンに水か油を何滴か落とせば、おわかりになりますよ。

　ということで、（やっと）どのようにＰＴＦＥコーティングをフライパンに接着させるのかという疑問に戻ってきました。もうおわかりだと思いますが、化学的技術ではなく、多様な物理的技術を使って、フライパンの表面をざらざらにし、スプレーされるＰＴＦＥコーティングの足場を作るのです。こうした技術の向上はめざましく、最近のノンスティック調理器具は、ついこの間までの薄くてすぐ剥《は》がれ、傷のつきやすかったコーティングとは比べものにならないほど高品質です。なかには、金属製のへらなどもどうぞお使いくださいという、大胆なメーカーもあるくらいです。

　ノンスティック・コーティングにはかなりの種類がありますが、ほとんどが今もＰＴＦＥをベースにしています。その一例がウィットフォード社のエクスキャリバー加工を施《ほどこ》した商品で、複数のブランドの高品質調理器具に使用されています。このエクスキャリバー加工のコーティングは次のような工程で行われます。まず、熱で溶かしたステンレスの、白熱状態にある小滴《しょうてき》を、ステンレス製フライパンの表面に吹きつけます。滴《しずく》は飛び散ってフライパンの表面にみずからを結合させ、表面は、ぎざぎざの粗い状態になります。その後、ＰＴＦＥをベースに調合したものを何層にも吹きつけ、厚くて強力なコーティングを作り上げ、それがステンレスの極小のぎざぎざによってしっかりと固定されます。エクスキャリバー加工はステンレスのみに有効ですが、デュポン社のオートグラフなど、アルミニウムに使える製法もあります。

フライパンの選び方

高品質で万能型のフライパンを買いたいと思っています。何を目安に選べばいいのでしょうか。金属もコーティングもいろんな種類がありすぎて、どれがいいのか見当がつきません。

まず、財布のひもをゆるめましょう。「高品質」とおっしゃるからには、安くすむことはありません。

理想的なフライパンとは、バーナーの熱を表面にむらなく行き渡らせ、その熱をすばやく食材に伝達し、火力（温度）設定の変更に即座に反応するもの。煎《せん》じ詰めれば、二つのクオリティが求められます。厚みと、熱伝導率です。できるだけ効率よく熱を伝える金属で作られた、厚みのあるフライパンをお探しになることです。

金属の厚さと保持できる熱量は比例しますから、フライパンは厚みのある金属を素材としていることが必要です。熱した薄手のフライパンに室温の食材を加えると、フライパンの金属は食材によって多量の熱を奪われ、加熱調理の最適温度を下回ってしまいます。さらに、バーナーの高温部分の熱は横方向に分散することなく、薄い鍋底を通して直接食材に届き、その部分に焦《こ》げを生じさせます。これが厚手のフライパンだと、蓄熱性《ちくねつせい》、あるいは熱慣性《ねつかんせい》と呼ばれるものが大きいため、火力の変化があっても安定した調理温度を維持することができます。

フライパンの特性として何よりも重要なのは、素材の金属がどれくらいよく熱を伝えるかということ。いわゆる高熱伝導率をそなえていることが必要です。三つの理由から、これは正しいと言えます。

理由その一。フライパンはバーナーの熱をすばやく、効率よく食材に伝えなければならない。熱伝導率のおそろしく低いガラスや陶器のフライパンでは、十分な加熱調理ができない。

理由その二。バーナーの部分によって温度にむらがあっても、すべての食材に同じように熱が回るよう、フライパンの表面はどの部分も同じ温度でなくてはならない。ガスバーナーはいくつもに分かれた炎が鍋底の違う部分にあたり、電気バーナーは熱くなった渦巻状の金属で隙間の部分は冷たい。伝導率の高いフライパンの鍋底は、このようなばらつきを迅速に解決し、温度を均一にする。

理由その三。フライパンは、高低どちらへの火力設定変更にも即座に反応しなければならない。焼く、炒めるという調理法は、食材を焦がすことなく高温に保つための絶えざる闘いであり、それゆえ、バーナーを頻繁に調整することになる。高伝導率の金属を素材とするフライパンは、そういった変化にすばやく反応する。

では、最適なのはどの金属でしょうか？

発表いたします。フライパン部門、最優秀金属賞受賞者は……銀です！　世界最高のフライパンは、金属界最高の熱伝導率を誇る銀を素材とし、厚い底をもつフライパンと決定いたしました。

何ですか？　純銀製のフライパンなんて、高くてとても買えない？　それでは、僅差《きんさ》で二位になった銅はいかがですか？　熱伝導率は銀の九一％です。ただし、銅の過剰摂取は健康に害をおよぼしますから、害の少ない金属で内側をコーティングする必要があります。錫《すず》は長年にわたって定番の金属でしたが、柔らかくて約二三〇℃で溶けてしまいます。現代の冶金《やきん》術をもってすれば、銅のフライパンの内側に、薄いニッケルかステンレスを接着させることが可能です。

ということで、私見では、内側にニッケルかステンレスを貼りつけた厚手の銅のフライパンを超えるものはありません。しかし残念なことに、そんなフライパンを買おうと思えば、あなたの中華鍋を質に入れなくてはならないでしょう。銅はアルミやステンレスよりもはるかに値段が高く、加工が難しいうえに、スチールやニッケルの接着はとても大量生産方式でできることではありません。したがって、銅の調理器具は最も高価なのです。

それでは、銅の次にいいのは？　アルミニウムです。安価でありながら、熱伝導率は銀の五五％。伝熱レースにおいて、決して悪い数字ではありません。厚手のアルミのフライパンなら、食材を焼いたり炒めたりするのに十分いい仕事をしてくれますし、重さ（密度）が銅のわずか三〇％という利点もあります。

しかし！（何にでも「しかし」はつきものです）アルミは食品の酸に侵《おか》されやすいのです。そのため、クロム一八%、ニッケル一〇%を含有する18‐10ステンレスなどの合金で、耐酸性のコーティングをほどこす場合もよくあります。硬いステンレスの層はもう一つ、アルミの大きな弱点を克服してくれます。その弱点とは、比較的柔らかいということです。柔らかいために傷がつきやすく、傷がついたフライパンの表面に食材がくっついてしまうのです。

実は、アルミを保護する方法は他にもあります。アルミニウムの表面を、密度、硬度ともに高く、耐酸性の酸化アルミニウムの層に電気化学的変換をすることが可能なのです。これは、硫酸《りゅうさん》浴槽《よくそう》に浸《ひた》したアルミニウムを陽極とし、もう一つの電極の間に電流を流す「陽極酸化」という方法で行います。陽極酸化アルミの調理器具でよく知られたブランドの一つに、カルファロン（日本でも入手可）があります。酸化物の層は、通常は白か無色ですが、酸浴槽の中で黒く染まります。この層はステンレスよりも硬度が三〇%高いため、アルミの表面を保護すると同時に、酸から守ってくれます。ただし、食器用洗剤などのアルカリ剤には影響を受けやすい性質をもっています。陽極酸化処理された表面には耐接着性もありますが、ノンスティックとまではいきません。陽極酸化処理された重量級のアルミ製フライパンは、検討する価値があるでしょう。少なくとも四ミリの厚みが必要です。

フライパンの品質ピラミッドの底辺に位置するのが、純粋なステンレススチールです。熱伝導率は一般的なフライパン素材のなかで最も低く、銀のわずか四%。新品のときはピカピカできれいですが、腐食とも色褪《あ》せとも無縁と謳《うた》っていながら実際はそうではないので、私は〝恥知らずの《シェイムレス》スチール〟と呼んでいます。塩で穴があくこともあるし、高温で変色もするのです。

銅、アルミニウム、ステンレススチール、それぞれの長所は、先ほども出てきた、ステンレスでコーティングした銅とアルミのように、重ねるという形で組み合わせて活かすことができます。たとえばオールクラッド社のブランド、マスターシェフのフライパン〔日本でも入手可〕は、アルミニウムの芯が二層のステンレスにはさまれています。同社の別ブランド、コッパーシェフのフライパンは、アルミニウムの芯に、内側がステンレス、外側が銅の層ですが、銅はおもに飾り的な役割で、目玉が飛び出るほど高価なフランス製の純銅フライパンには遠くおよばない厚みです。層といえば、このようなフライパンの内側の表面に、ノンスティック・コーティングの層を加工したものを選ぶのもいいでしょう。

最後に、すべての中で最も安価、かつ別格の存在と言えるのが、昔ながらの黒い鋳鉄《ちゅうてつ》製スキレット。昔のコミックに出てくる奥さんが手に持ち、だんなさんの頭を殴りつけていた、あのフライパンです。厚くて重く（鉄の密度は銅の八〇％）、けれど熱伝導率は低く、銀のわずか一八％。したがって鋳鉄製スキレットは、熱くなるまで時間はかかるものの、いったん熱くなればその温度を粘り強く保ちつづけます。しかも、ゆがみも溶けもせず、約二〇〇〇℃まで熱することができます。このような点で、長時間にわたって高温を均一に保つ必要のある調理法には、理想的なフライパンです。真の南部人は、決してこれ以外の鍋でフライドチキンを作ったりはしません。

家庭で鳥肉料理を作るために、そして夫婦間のもめごとに対処するためにも、一家に一つ備えることをお勧めします。でも、あなたがお尋ねの万能型フライパンではありませんね。

包丁の保管法

調理用ナイフ（包丁）を保管する、最もいい方法は何でしょうか。マグネットラックで保管すると刃が傷むと、どこかで読みました。ほんとうですか。

いいえ、ほんとうではありません。信じがたいかもしれませんが、マグネットラックで保管すると、むしろナイフの切れ味が長持ちすることもあります。実際、誰にも必要とされない高価な道具や小物を集めた上等そうなカタログで、カミソリ保管用のマグネットの容器を見たことがありますが、次のひげそりまで切れ味のよさを保つと書いてありました（この収納容器で保管しないと、なぜ次のひげそりまでに切れ味が落ちるのか、そこのところは説明がありませんでしたが）。

お気づきかと思いますが、マグネットラックに収納されたナイフは、磁気を帯びます（ペーパークリップにナイフを近づけてみてください）。そして、マサチューセッツ工科大学、材料科学工学科のボブ・ハンドリー教授によれば、帯磁《たいじ》したスチール片は、磁気を帯びていないときよりも硬度がいくらか増すそうです。おそらくそのせいで、刃の縁がシャープになり、切れ味のよさが長つづきするのでしょう。

だからといって、マグネット効果をあてにはできません。ナイフの刃の素材には数種類の合金鋼があり、なかには、あまり長く磁気を留めておけない素材もあります。いずれの場合も、硬度を増す効果はさほど大きくないと見てよさそうです。

逆に、ナイフを出し入れするときマグネットバーに強くぶつけたり、バーにあてて引きずったりするなど、マグネットラックを不注意に使うと、ほんとうにナイフを傷めてしまうことがあります。マグネットラックがナイフの刃をなまらせるという話は、こんなところから広まったのかもしれません。

マグネットラックからナイフを急いで抜き取り、刃を傷めるのが心配なら、キッチンカウンターに木製ラックを置いて保管するという方法もあります。人によっては、これこそ最上の保管方法だと言います。でも、サイズや用途別に揃《そろ》えたナイフのセットを、それぞれが木の溝にぴったり収まるようにオーダーメードしたラックに完璧に配列している人なんて、いますか？　マーサ・スチュワートと、結婚祝いにナイフセットをもらった人たち以外に。このタイプの欠点は、溝が掃除しにくいことと、ラックから突き出た柄の部分を見ても、つかんでいるのがどのナイフなのか判断が難しいことです。壁かけタイプのマグネットラックなら、用途に応じたナイフをすぐに選べます。

料理の教科書に必ず書いてあるように、よく切れるナイフは安全なナイフ。食材から指の上に滑《すべ》り落ちることがないからです。電動式、手動式ともに、優秀なナイフ研《と》ぎ器が市販されていますから、砥石《といし》で研《と》ぐという、昔ながらの時間のかかる方法はもはや必要ではありません。

しかし、ひとことご忠告しておきます。こういった、力にものいわせるナイフ研ぎ器には二枚のディスクが装備されていて、その隙間に差し入れたナイフを引き抜くのですが、ナイフの刃が帯磁していた場合、削り取られた大量の金属の薄片が刃に付着します（この種の研ぎ器は、あなたが次第に痩《や》せ細っていくナイフをお好みでないかぎり、お勧めしません）。金属の削りかすは食べておいしいものではありませんから、このタイプの研ぎ器を使ったあとは、濡らしたペーパータオルでナイフを丁寧に拭《ふ》きましょう。どんな研ぎ器を使うにしても、削り取られた金属粒子は肉眼では見えない小ささなので、マグネットラックにナイフを収納するのはいい考えです。

お菓子作り用ブラシを長持ちさせるコツ

お菓子作りに使うペイストリーブラシを、長持ちさせるコツを教えてください。私はすぐにダメにしてしまって、この一年で一〇本は買い替えました。アドバイスをお願いします。

まず、きちんと洗うこと。そして、本来の用途以外に使用しないことです。

卵液や溶かしバターを塗りつけるのにブラシを使ったあとは、徹底的に洗ってからしまわないと、ネバネバして酸敗臭《さんぱいしゅう》を発するようになります。まず、シェービングブラシを泡立てるときの要領で、湯で濡らしたブラシを固形せっけんにこすりつけて泡を立てます。次に、ブラシを手のひらになすりつけながら、毛の一本、一本に泡を十分に行き渡らせます。あるいは、何かの容器に食器用洗剤を湯に溶かし、その中にブラシを突っこんで上下に揺するのもいいでしょう。いずれの場合も、湯ですすぎ、完全に自然乾燥させてから引き出しにしまいましょう。

ブラシが傷むという点についてですが、ペイストリーブラシとベイスティングブラシ*を混同しないようにご注意ください。人気のある食品関連雑誌でも、この二つを混同した記事を見かけることがあります。二つのブラシはまったく別の道具で、異なる用途のために設計されています。

ペイストリーブラシは、熱に耐えるようには作られていません。柔らかな天然の豚毛は、オーブンやグリルで熱された食品に油やソースを塗るために使うと、溶けてしまうことがあります。それに対し、柄《え》の長いベイスティングブラシの毛は堅い合成毛ですから、熱にも溶けることがありません。

ペイストリーブラシをベイスティング（たれ塗り）に使ってはいけないように、ベイスティングブラシも堅すぎて繊細なお菓子には使えません。

ペンキ用の刷毛《はけ》も実は同じもの

＊ペイストリーブラシとベイスティングブラシ
ペイストリーブラシは、お菓子やケーキ作りの際、バター、ジャム、卵液などを塗るための刷毛《はけ》のこと。ベイスティングブラシは、ローストやバーベキューの肉などに、油、バター、たれを塗るための刷毛のこと。

ホームセンターで安く売られている、木の柄を塗装していないペンキ用刷毛や白い天然刷毛は、キッチン用品店の高価なペイストリーブラシと実質的には同じものです。

スプレーオイルの作り方

油脂の使用量を減らそうと思い、スプレーボトルにオイルを入れてみたのですが、カロリーたっぷりのオイルが大量に飛び出てきただけでした。私だけの〝クッキング・スプレー〟を作る、いい方法はありますか？

ええ、いい方法がありますよ。

一般のプラスチック製スプレーボトルは、油っぽい液体ではなく、水っぽい液体をスプレーするために作られたものです。水は油よりも薄い（粘性が少ない）ため、分解して霧状になりやすいのですが、ポンプ部分からの微々たる圧力では、加圧されたスプレー缶のように、油を顕微鏡的極小サイズの滴《しずく》に分解することはできません。

調理用品の店やカタログで販売しているオリーブオイルスプレーは、フライパンやグリルパンに油を塗る、ベイキングパンに油を引く、ガーリックブレッドを作る、サラダの野菜にスプレーするなど、他にも多くの用途にすばらしい活躍をしてくれます。スプレーボトルにオイルを入れ、キャップを上下させることで加圧します。すると、プッシュボタン一押しで、スプレー缶から出るように、オイルが細かい霧状になって出てきます。

水入りスプレーも使い道いろいろ

私は、ハンドルを押すと液体が霧状に出るプラスチック製スプレーボトルに水を入れ、台所に常備して色々なものを湿らせるのに使っています。私が見つけた、バゲットを新鮮な状態に戻す最高の方法は、水をさっと吹きつけて少し湿らせ、一八〇℃前後のオーブントースターに二分ほど入れることです。また、台所からテーブルに運ぶ直前に水をスプレーすると、色鮮やかで生きいきとして見える料理はたくさんあります。食卓に出すまでしばらく台所に置いてあった熱い料理ならほとんど何でも、この美容法の効果は絶大です。フードスタイリストは料理の撮影にこのわざを使い、できたてのように見せています。

レモンから最大限の果汁を搾る方法

レモンやライムから、最大限、搾れるだけの果汁を搾り出す方法はありますか。果汁を搾るとき、完全に搾りきれず、無駄にしているように思えてなりません。

食品に関する本や雑誌には、レモンをキッチンカウンターに押しつけながら転がすように書いてあるものがあります。また、一分ほどレンジにかけることを勧めているものもあります。どちらも一見、理にかなっているようですが、はたしてほんとうに効果があるのかどうか、ずっと気になっていました。

あるとき、その答えを知るチャンスが訪れました。友人のジャックは安売り商品を見つけるのが大好きなのですが、地元のスーパーマーケットで、過剰在庫のライムを二〇個一ドルで売っているのを発見したのです。はてしなく並ぶマルガリータのグラスが楽しげに跳びはねるようすを頭に描きつつ、ジャックは四〇個を自分のために買い、このお買い得ニュースを広めようと私に電話してきました。

おお、チャンス到来！　ずーっとしたかった実験のチャンスが、ついにやってきたのだ。しかし、長年、学術の世界に身をおいてきた科学者としての経験から、全米科学財団に申請しても必要な補助金はもらえそうもないとわかっていました。そこで私個人の貯金に手をつけ、入札で競ることも、注文書を発行することもなく四ドル分のライムを調達し、トヨタに乗って私の研究所――あ、その、台所に自分で配達しました。大きくて緑色で美しい姿をした、アメリカのスーパーマーケットでは最も一般的なタヒチライムでした。

ライム（もしくはレモン。原理は同じはずです）を搾る前にレンジで加熱したり、カウンターの上で転がしたりすれば、搾れる果汁の量はほんとうに増えるのか――それを突きとめたいと思いました。私はこういった提案に対して、つねに懐疑的でした。語り継がれてきた台所の知恵の多くと同じく、（私の知るかぎりでは）科学的な調査はされていないのです。私は、科学的対照実験*のあらゆる厳密さをもって、この種の説を検証したいと思いました。そして実行しました。結果を聞いて、驚かれるかもしれません。

以下、高校で科学の時間に使い方を習った実験ノートふうに記していきます。

*対照実験　結果が正しいかどうかを検証するための比較対象を設定した実験。

◎実験No.1　手順

まず、四〇個のライムを四つのグループに分けた（計算は簡単だった）。第一グループは、八〇〇ワットの電子レンジで三〇秒加熱。第二グループはキッチンカウンターに手のひらできつく押しつけながら転がす。第三グループは、転がすのとレンジ加熱の両方。第四グループは、対照群《たいしょうぐん》として何も手を加えず。一個ずつ重さをはかり、手を加えるものには加え、半分に切り、ジューサーにかけて出てきた果汁の量をはかった。次に、果実一gあたりの収穫果汁量（mℓ）を比較した。計測した重量、体積、温度の詳細、及びそこから得たデータの統計的分析に関する記述は省略する。

◎実験結果と考察

四つのグループ間に、検知可能な差はなかった。レンジ加熱した場合、転がした場合、その両方を行った場合、いずれも果汁の収穫量が増加することはなかった。

しかし、増加させる必要があるのだろうか？　果実に含まれる果汁の量は、品種、生育環境、収穫後の扱いなどによって決まるものだ。いったいなぜ、加熱したり手荒く扱ったりして果汁の量が増えることを期待する必要があるのか？　柑橘《かんきつ》類に関する民間伝承で私がどうしても納得いかなかったのは、この部分だ。そして今、私はこの言い伝えが誤りであることを証明した。

だがもちろん、電動のジューサーはライムからほぼすべての果汁を搾りとる。レンジにかけたり転がしたりしたライムは、果汁が出やすくなっていたのに、それがわからなかったのかもしれない。その場合、手搾りで比較すれば、同じ圧力で搾っても、手を加えたライムは果汁の量が多くなる可能性がある。

◎実験No.2　手順

前回と同じく、二ドル分のライムを四つのグループに分けたが、今回は自分の手で、できるだけ強く搾った。当然、果汁の量は前回より少なかった。平均すれば、ジューサーで搾った量の三分の二を切るだろう。私よりずっと力の強い男なら、もっと多く搾れたのはまちがいない。だが、私の右手の握力だって平均的な女性よりは強いだろうと、自分をほめてやることにする。

◎実験結果と考察

結果は次の通り。店で買った状態のまま搾ったライムの手搾り収穫量は、一個に含まれる全果汁の六一%。レンジ加熱したライムは六五%で、転がしたライムは六六%。この三つの結果は同じ、つまり実験誤差の範囲内である。私の懐疑はまたもや、正しいと証明された。手で搾る前にレンジにかけても転がしても、搾れる果汁の量がそれとわかるほど増えることはないのだ。

しかし、非常に意外な事実がわかった。転がしたあとにレンジで加熱したライムはとても搾りやすく、全果汁量の七七%を搾ることができた。何も手を加えていないライムより、二六%も多いのだ。ほとばしるような勢いで果汁が出てくるものだから、果汁を失わないよう、半分に切る作業も容器の上で行うほどだった。

この現象に対する、私なりの解釈はこうだ。手のひらで押しつけながら転がすことで、果実の液胞《えきほう》(果実の細胞中の、果汁が詰まった小さなピローケースのようなもの)が開く。それでも、まだ果汁が簡単に流れ出るにはいたらない。果実の表面張力(液体の滴《しずく》を球形のままに留《とど》める"表面接着剤")と粘性(非流動性)は、どちらもかなり大きいからだ。しかし、続いて加熱されることで、表面張力と粘性は大幅に下がり、果汁は流れ出やすくなる。実際の粘性を調べずに予測していたのだが、予測よりずっとスムーズだった。水(ライム果汁にきわめて近い)をレンジ加熱する前後、それぞれの平均温度で比較すると、流れるスムーズさは、高温では四倍になることがわかる。つまり、転がすことで水門が開き、加熱で水の流れがスムーズになるということだ。

◎結論

電動または手動式のジューサーをお使いなら、転がしてもレンジ加熱しても、何の影響もありません。半分に切ったレモンに挿《さ》しこんで搾る木製かプラスチック製のリーマーや、ガラスの受け皿の中央に畝《うね》をつけた突起物のある、あのなつかしいレモン搾り器も、果実に含まれる汁をほぼすべて搾り出すことができるので、同様です。

しかし、あなたが手搾り派で、なおかつ電子レンジをお持ちなら、ライムをキッチンカウンターに押しつけながら転がし、そのあとレンジにかけましょう。転がすだけでも皮は柔らかくなり、いかにも果汁がたっぷり出そうに見えますが、搾れる果汁の量にはほとんど影響がありません。レンジ加熱だけの場合はどうかというと、果汁がいやな感じに熱くなる（私の経験では約七七℃から八八℃）以外には、ほぼ変化はありません。

実験はしていませんが、レモンの場合も、同じ方法を使えば似たような結果が出るものと予測しています。安売り情報に目を光らせておくよう、ジャックに言っておきました。

最後に、ライムから搾りとれる最大限の量は、どんなものでしょうか？　ライムはことのほか気まぐれな果実で、サイズも多様ですから、レシピの指示も「ライム半個分の果汁」ではなく、具体的な液量を指定すべきでしょう。私が使ったタヒチライムすべての、電動ジューサーによる果汁収穫量の平均は約六〇ccで、転がしたあとレンジにかけて手で搾った場合の平均は約四五ccでした。今回使用したサンプルのうち、チャンピオンのライムは約七五ccの果汁を含有していましたが、いかにも新鮮でおいしそうに見えた二個のサンプルは、どちらも九cc弱しか含まれていませんでした。
さて、今回の実験の結果、私の手元にはマルガリータを一三〇杯作るのに十分なライムジュースが残りました。そんなわけで、しばし失礼（その間にあなたもマルガリータを召し上がりたければ、Ｐ１１５～のレシピをご参考に）。

作ってみよう29

レモンカード

——果汁《ジュース》を利用して定番のジャムを

先ほどのライムを搾るテクニックは、レモンにも同じように効果があるのでしょうか？　あるだろうと推測するしかありません。あれ以降、ジャックからレモンの特売情報は届いていないのです。このレモンカード（レモンジャムの一種）は、トーストやビスケットにぴったりのおいしいスプレッド。レモンを搾るというささやかな努力をする価値は、十分にあります。タルトやケーキのフィリングに使ったり、ジャム入りロールケーキに入れたりするのもいいでしょう。冷蔵庫保存すれば何か月ももちます。

〔材料〕 約240cc分
卵黄　Lサイズ5個分
砂糖　120cc
レモンジュース　80cc
レモンの皮　2個分
塩　ひとつまみ
無塩バター　60cc

1. 厚手のソースパンか湯せん鍋に卵黄と砂糖を入れ、弱火にかけてかき混ぜます。そこにレモンジュース、レモンの皮、塩を加えます。
2. バターを少しずつ加えながら、さらにかき混ぜます。3分から4分、とろみが出るまで混ぜつづけてください。
3. 清潔な広口びんに注ぎ入れ、表面に膜が張らないようにパラフィン紙をかぶせます。冷蔵庫で保存しましょう。

マッシュルームは洗うべからず？

マッシュルームは水洗いしてはいけないと、どんな料理本にも書かれています。スポンジのように水分を吸うから、さっとすすぐか、汚れを拭《ふ》きとるだけにしましょうと。でも、マッシュルームは馬糞《ばふん》などの堆肥《たいひ》の中で栽培されているのではないのですか。ちゃんと水洗いしたほうがいいように思うのですが。

水を吸う？　そんなことはありません。あなたのお読みになった料理書が間違っています。堆肥の中で栽培？　申し上げにくいけれど、その通りです。

まず、堆肥の問題から片づけましょう。

スーパーマーケットで最もよく見かける白か茶色のボタンマッシュルーム（学名：Agaricus bisporus）は、糞尿《ふんにょう》堆肥の中で栽培されます。糞尿堆肥は基質《きしつ》混合物ともいい、干し草から、粉砕《ふんさい》したトウモロコシの芯、鶏糞《けいふん》、馬小屋の使用済み藁《わら》まで、ありとあらゆるものが含まれます。

それが頭にあったために、長い間、なんだか気持ちの悪い思いをしていました。でも、マッシュルームを風呂に入れて水浸しにしないよう、繰り返し言われたものですから、マッシュルームブラシという手段を使うことにしました。柔らかな毛のブラシで、乾いたマッシュルームを傷つけることなく、不快な物質を払いのけるはずのものでした。でも、大して役に立ちませんでした。ときにはマッシュルームの皮をむいたりもしましたが、時間はかかるし面倒でしょうがありませんでした。

けれど、讃美歌「アメイジング・グレイス」さながら、「かつてはさまよいし我も、今は見いだされん。かつては盲《めし》いし我も、今は目を開かれん」。今の私は知っています。マッシュルーム栽培業者は一五日から二〇日かけて基質素材を堆肥にしており、その過程で堆肥の温度は滅菌《めっきん》効果のあるレベルまで上昇するということを。完成した堆肥は、元が何であれ、マッシュルームの胞子《ほうし》を〝植えつけられる〟ときには無菌状態になっているのです。

にもかかわらず、糞尿堆肥には細菌以外にも、何かある気がしてなりません。だから私は今でもマッシュルームを洗っています。ええ、水の中で洗っていますよ。これから証明してみせるように、マッシュルームはほんの少ししか水分を吸収しませんから。さらに、水洗いすると風味がなくなると書かれた本もありますが、私にはとても信じられません。それが正しいとすれば、マッシュルームの風味のほとんどが表面にのみ存在し、大部分が水溶性である場合だけです。

マッシュルームの肉質がスポンジ様だという説には、つねづね疑問を抱いていました。どう見ても、顕微鏡で見ても（はい、実際に見ました）多孔性《たこうせい》にはほどとおいからです。ですから、ハロルド・マギー著『好奇心旺盛な料理人（The Curious Cook）』（未邦訳）を読んだときは、自分の正しさが立証されたような気分でした。私に負けず劣らず猜疑心《さいぎしん》の強いマギー氏は、マッシュルームひと山の重さをはかり、水の中に五分間（何を洗うにしても、かかる時間の約一〇倍）浸《つ》けたあと水分を拭《ふ》きとって、再び重さをはかりました。結果は、マッシュルームの重量はほとんど増えていなかったのです。

私はマギー氏の実験を自分でもやってみることにしました。使用したのは、一二オンス（約三四〇g）パック入りのホワイトマッシュルーム（計四〇個）と、一〇オンス（約二八三g）パック入りのブラウンマッシュルーム（計一六個）。まず、ホワイトとブラウン、それぞれの総重量を実験用重量計で慎重にはかりました。次に、水に浸けてときおりかきまわし、マギー氏と同じ五分が経過したところで水から引き上げ、サラダスピナーで水分を吹き飛ばしたあと、タオルにくるんで水気をとり、再び重量計にのせました。

傘が開いていなくて固くしまったホワイトマッシュルームが吸収した水分は、総重量のわずか二・七％。マッシュルーム一ポンド（約四五四g）あたり小さじ三杯にも満たない量で、マギー氏の実験結果と一致しました。ブラウンマッシュルームのほうはそれよりも多く、総重量の四・九％、一ポンドあたり小さじ五杯でした。ブラウンのほうが吸収性に富む肉質だからではなく、おそらく、傘が少し開いていたため、裏のひだの隙間に水が入りこんだのが原因でしょう。おうとつのある形の野菜は、少量の水を自然に取りこんでしまうことが多いのです。多くの料理書がマッシュルームの処理法として推奨する「手早くすすぐ」という臆病なやりかたは、水に五分間浸したときと同じ量の水分を閉じこめる可能性があるのです。

そういうわけですから、少なくともふつうのマッシュルームは、どうぞ心ゆくまで水洗いしてください。他の珍しい種類のキノコに関しては、まだ検証していません。ただ、これだけは覚えておいてください。茶色い汚れがついていても、それは糞尿堆肥ではなく、おそらく殺菌されたピートモス（泥炭ごけ）です。栽培業者は、堆肥にした栽培基質をピートモスで覆《おお》い、マッシュルームは他でもないそこから、小さな頭をのぞかせるのです。

ちなみに、マッシュルームを炒めているとき水分が大量に出て、炒めるというより蒸しているようになってしまっても、それはマッシュルームを水洗いしたせいではありません。マッシュルームはほとんど水でできているようなもので、フライパンの中に詰めこみすぎると、放出された蒸気の逃げ場がなくなるのが原因です。少量ずつ数回に分けて炒めるか、大きなフライパンを使いましょう。

作ってみよう30

秋のマッシュルームパイ――とびきり清潔なマッシュルーム

刷毛《はけ》をかけるか、さっとすすぐか、水洗いするか。どうでもいいじゃありませんか。

森を思わせるこのマッシュルームパイは、どんなお客様もうならせることまちがいなし。ポルチーニ、アンズタケなど、芳醇《ほうじゅん》な風味のキノコを組み合わせて使いましょう。材料費を抑えるなら、半分をホワイトマッシュルームにしてもかまいませんが、キノコらしい風味は控えめになります。フィリングは前日に作っておくといいでしょう。

〔材料〕６人分（軽食かサイドディッシュとして）

直径約23㎝のダブルクラストパイ＊用生地
玉ねぎ（みじん切りにしたもの）　６００cc（中サイズ3〜4個分）
無塩バター　大さじ4
マッシュルーム数種類（汚れをとり、粗く刻んだもの）　約１９００cc（約１・４kg）
タイムの葉（乾燥）　小さじ1
マルサラワイン＊（辛口）　60cc
塩
黒こしょう（挽きたてのもの）
中力粉　大さじ1
卵黄（小さじ1と½の水と混ぜたもの）　1個分

＊ダブルクラストパイ　上に生地をかぶせて焼いたパイ。底に生地をしくだけのタイプをシングルクラストパイという。

＊マルサラワイン　イタリア・シチリア島産の酒精強化ワイン。辛口のワインで代替可。

タイムの小枝(生、飾り用) お好みで

1. まず具を作ります。直径約30㎝のスキレットにバターを熱し、玉ねぎを入れて中火で炒めます。柔らかくなり、こんがり色がつくまで(あまり茶色くならない程度に)10分ほど炒めたら、マッシュルームとタイム(乾燥)を加えましょう。マッシュルームは炒めると水分が出て、嵩《かさ》が低くなります。

2. マルサラワインを入れて、水分が半分になるまで煮詰めます。味を見ながら、塩、コショウはたっぷりめにかけてください。具の上に中力粉をふりかけ、少しとろみがつくまで1分ほどかき混ぜます。火からおろし、冷ましてからパイ作りにとりかかりましょう。

3. オーブンを200℃に温めておきます。直径約23㎝のパイ皿の底に生地をしきこみ、具を流し入れて、表面が平らになるよう、ならします。次に生地の縁を水で湿らせ、残りの生地を上にかぶせたら、指で押さえながら縁を閉じていきます。最後に、はみ出した生地を切り取り、フォークの背を縁に押しつけて溝形をつけましょう。

4. 小さな容器に卵黄と水を入れ、フォークでかき混ぜます。この卵液を、指先か柔らかい刷毛を使って、パイの表面にやさしく塗ります。オーブンに入れて35分、あるいは表面がキツネ色になるまで焼いてください。熱いままでも、室温まで冷ましてもいただけます。お好みでタイムの小枝をあしらうのもいいでしょう。

毒キノコを銀貨で判別できる？

父の話によると、祖父はよく森に入っては野生のキノコを採ってきて、祖母がそれを料理していたそうです。あるとき父は祖母に、食べても安全なキノコかどうかをどうやって見分けているのかと尋ねました。すると祖母は、キノコといっしょに一ドル銀貨を鍋に入れ、銀貨が黒っぽく変色しなければ、そのキノコはだいじょうぶなのだと言ったそうです。父も僕も、この方法にはどんな科学的根拠があるのか気になっています。

やめてください！　おばあさん直伝《じきでん》の料理の知恵を試すのは。この警告が遅すぎないことを祈るばかりです。一ドル銀貨を使った判別法には、何の科学的根拠もありません。無意味なたわごとです。この種の迷信は「老婆の言い伝え」と呼ばれますが、老婆になるまで生きられた女性は、一ドル銀貨の迷信を真に受けなかったということでしょう。

毒キノコと安全なキノコを判別する簡単な方法はなく、キノコの種類を知り、見分けるしかありません。しかし、知られているキノコは何万種類もあり、おまけに、見た目では食用キノコと区別がつかない毒キノコがたくさんあるのです。私自身は形を覚えるのが苦手なので、質《たち》の悪い双子がいない二、三種類にかぎり、採ることを自分にゆるしています。ポルチーニ、モリーユ茸《だけ》（アミガサタケ）、シャンテル、シイタケ、エノキダケ、オイスターマッシュルーム（ヒラタケ）など、このところ、アメリカの食生活を華やかに彩っているキノコに関しては、専門家から入手するか、気に入りのレストランで味わうことにしています。

ちなみに、広く出回っていて、最近はどんなメニューにも顔を出しているポートベロは、独立した種ではありません。ブラウンマッシュルームを大きく成長させてから収穫したものです。

銀貨を使った判別法*を信じさせるなんて、こう言ってはなんですが、おばあさんはお父さんに危険ないたずらをなさったものです。真相は、ただキノコの種類をよく知っておられた、というだけのことです。

＊銀貨を使った判別法
日本でもこれに類する迷信として、「煮汁の中に銀のスプーンを入れて黒く変色しなければ毒ではない」という間違った情報が流れているが、これも何の根拠もない誤りである。

銅製の調理器具を長持ちさせるには

最近、銅製の調理器具一式を購入しました。それはもう、ほれぼれするような美しさです。新品の美しさをずっと保つには、どうすればいいのでしょうか。

艶《つや》のある輝きをはなつ銅は美しいもので、すばらしい効果のある艶出し剤も市販されています。しかし、あなたは銅の調理器具で料理をしたいのですか？　それとも飾っておきたいのですか？　銅製の、あるいは銅でコーティングした調理器具の最大の長所は、熱をすばやく、しかも均一に伝えることです。その長所にふさわしい扱いは、愛情をもって大事に使うことであって、ぴかぴかに磨くことではありません。銅製の調理器具を新品の状態に保とうとすれば、それにかかりきりの生活になってしまうでしょう。

でもまあ、しみだらけで見苦しい状態になるのを避けるために、簡単にできることはいくつかあります。まず、ぜったいに食洗機には入れないこと。強力なアルカリ性洗剤は、銅を変色させる場合があります。食器用洗剤で洗ったあと、完全に水気をとりましょう。また、油分はマイルドな研磨《けんま》剤で完全に落とすこと。油脂が残っている状態で熱すると、焦げて黒いしみになります。最後に、何も入っていない状態ではもちろん、油が入っていても、高温に熱しすぎないこと。黒色の酸化銅は非常に高温の部分で最も生成しやすいため、鍋底にバーナーの形の模様がくっきり、ということになりかねません。

計量の問題

アメリカの計量単位のややこしさ

なぜアメリカでは、液体用と粉用の計量カップが別々になっているのですか？ 砂糖一カップと牛乳一カップの量は同じですよね？

それは、「同じ」という言葉を、あなたがどういう意味で使っているかによります。

たしかに、一カップはアメリカのどこでも一カップ、つまり、液体でも粉類でも、八米《べい》液量オンスです。でも、不思議にお思いかもしれませんね。液量オンスが液量の単位なら、なぜ小麦粉などの固形物にも使うのか？ それに、重量オンスと容積オンスの違いは？〔オンスの基本的事柄についてはＰ１１２も参照〕

この混乱の原因は、アメリカの旧式な計測・計量体系にあります。次に挙げるのは、アメリカ人が学校で学ぶはずのことです（注意力を集中して、しっかりオンスについていってください）。

米《べい》液量オンスは容量を表すが、量が異なる英《えい》液量オンスと区別すべきであり、どちらの液量オンスも、容量ではなく重量を表す常用オンスと区別すべきであり、常用オンスは、重量を表すが量の異なるトロイオンスと区別すべきであり、トロイオンスは、トロイオンスとまったく同じである薬用オンスと区別すべきでない。

いかがです、完璧に理解できましたか？

この質問に回答するためには、フランス語の頭文字をとった「ＳＩ」として世界中で知られ、われわれアメリカ人には「メートル法」として知られている「国際単位系」をめぐる議論を避けて通るわけにはいきません。ＳＩにおいては、重量はつねにキログラムで、容量はつねにリットルで表示されます。アメリカ合衆国は世界で唯一、当の英国がメートル法に乗りかえるまでは「英国単位系」と呼ばれていたヤードポンド法を、いまだに使っている国です。

あなたのご質問を言いかえてみましょう。（一カップは、古き良きアメリカの単位で言えば八米液量オンスですから）「八米液量オンスの牛乳は、八米液量オンスの砂糖と同じ容量ではないのですか？」

同じですとも。そうでなければ、えらいことになります。それでも、液体にはガラス製の計量容器が、固体には金属製の計量容器が、別々に必要なのです。

ためしに、容量が二カップのガラス製計量容器で、砂糖一カップをはかってみてください。砂糖の表面は完全に平らではありませんから、いつ一カップの目盛りまで達したのか、正確に判断するのは難しいものです。それに、容器をカウンターにとんとんとぶつけて表面を平らにし、一カップの目盛りにきっちり合わせたあとでも、レシピに書かれた砂糖の量と同じにはならないでしょう。なぜなら、レシピの作成者は、一カップ容量の金属製「固形物用」計量容器を使用し、容器の縁《ふち》まで砂糖を満たして平らにしたからです。信じられないかもしれませんが、この方法と、ガラス製計量容器ではかるのとでは、砂糖の量が違ってくるのです。

実際に試してみてください。一カップ容量の金属製計量容器に、縁から少し盛り上がるくらい砂糖を入れ、大きめの包丁の背など、薄くてまっすぐなものを縁にあてて滑《すべ》らせ、余分な砂糖を落とします。次に、二カップ容量のガラス製計量容器に砂糖を移し、表面が平らになるまで揺すってください。どうです、一カップの目盛りには届かないでしょう。

理由として、計量容器そのものが正確でないことは考えられるでしょうか？　幼稚園児が目盛りの線を手描きしたような、フリーマーケットの格安品でもないかぎり、ありえません。信頼できる台所用品メーカーは、製品の精密さにはきわめて慎重なものです。答えは、液体と、砂糖や塩や小麦粉などの粒状固体との根本的な違いにあります。

液体を容器に注ぐと、液体はあらゆる隙間に流れこみ、顕微鏡レベルのスペースさえ残しません。しかし粒状固体の場合、粒と容器の形状やサイズによって、容器の中にどんなおさまりかたをするかは予測がつきません。一般的には、広口の容器に注がれた粒は、広がっていって底のスペースを埋めることができるので、細長い容器の中で積み重なったときよりも、ぎっしり詰まった状態になります。ぎっしり詰まっているということは、容積が少なくてすむということ。つまり、同じ重量の砂糖でも、口の広い容器では狭い容器よりも、占める容積が少ないのです。

ここで台所に戻って、あなたの計量カップをチェックしましょう。賭けてもいいですよ。同じ容量の目盛り部分でも、金属製計量容器よりもガラス製のほうが、かなり直径が大きいでしょう?　したがって、容器内でのおさまり具合のむらに定評がある砂糖、あるいはとくにそれが顕著な小麦粉などは、ガラス製計量容器ではかると、レシピの指定量よりも多くなってしまうわけです。結果、粉類などの乾いた材料をガラス製計量容器で占める容積のほうが小さくなります。

この結論を完全に裏づけるため、逆の場合も試してみました。一カップ容量の金属製計量容器に入れて表面を平らにした砂糖を、細長い計量管——化学者が使うメスシリンダーに注ぎ入れました。すると予想通り、砂糖の表面は、メスシリンダーの八オンス（二三七㎖）の目盛りよりかなり上に来ました。

最近のガラス製計量器具は、残念なことに、以前のものよりさらに直径が大きくなっています。おそらく、ミルクなどの液体を入れて電子レンジで熱する人が多く、広口の容器なら、泡が立ったり噴きこぼれたりしにくいからなのでしょう。つまり、最近の液量計で乾いた材料をはかると、かなり不正確だということ。それだけではなく、液体をはかるときにさえ問題があるのです。直径の大きな容器では、液体をここまで満たすという高さを少しでも間違えると、容積に比較的大きな誤差が生じます。したがって、計量の精密さという点において、広口の大きなガラス製計量容器は、口の狭い昔の計量器具にかなわないのです。もし今でも旧式のタイプをお持ちなら、大事になさってください。

次に控えるのは、液体を小さじや大さじで計量する場合の問題です。表面張力のはたらきで、計量スプーンの縁を超えて液体が盛り上がることにお気づきですか？　そんな状態で、正確な計量を期待できるでしょうか？　計量スプーンは液体ではなく、固形物用に作られたものなのです。

以上の問題をすべて、パーフェクトに解決してくれるものを、私は見つけました。フリーリングUSA社のブランド、EMSA（エムザ）製の、その名も「パーフェクト・ビーカー」。オンス、ミリリットル、小さじ、大さじ、カップ、パイントなど、それぞれの単位を小刻みに区切った、液体計量に必要な目盛りが刻まれています。一オンスから一パイントまで、何をはかるにもこれ一つ持っていれば十分です。アイスクリームコーンのような形をしているため、少量の材料は自動的にビーカーの狭い部分で計量され、最大限の正確さではかることができます。また、単位間の換算に使うこともできますから、次の千年紀《ミレニアム》に突入するころには役立つはずです。これまでの進捗状況から判断するに、そのころにはアメリカも遂に方向転換して、メートル法採用に至っているでしょうから。ビーカーのアメリカ式表示の目盛りと同じラインに並ぶ、メートル法表示を見ればいいだけで簡単です。

（次の千年紀《ミレニアム》とは、ちょっと悲観的に過ぎるでしょうか？　考えてみれば、メートル法使用を義務付ける法案を議会が可決したのは、これを書いている時点でたった二七年前のことだし、コークとペプシはすでに二リットル入りボトルを販売していますからね）

台所で求められる正確さと再現性を実現する究極の方法は、きわめて単純なことなのに、パン職人やさまざまな分野のシェフを除けば、アメリカ人はやろうとしないのですから困ったものです。その方法とは、固形の材料を大さじやカップを使って容積で計量するのをやめ、重さをはかることです。アメリカ以外の国では、料理をする人はほとんどそうしています。メートル法なら、たとえば一〇〇gの砂糖は、グラニュー糖であろうと粉砂糖であろうと、またどんな容器に入れようと、つねに一〇〇gの砂糖です。液体に関しては、メートル法の単位は一つだけ。ミリリットルと、その倍数のリットル（一〇〇〇ミリリットル）です。カップだパイントだクオートだガロンだと、頭を悩ませることはありません。

半ガロンは何カップか、すぐに答えられますか？

私の言いたいこと、おわかりになりましたね？

調理用温度計を選ぶポイント

私の〝瞬間計測〟温度計はなぜ、食べ物の温度を表示するまであんなに時間がかかるのでしょうか。

いわゆる瞬間計測温度計には二つのタイプがあります。目盛り表示のアナログ式と、デジタル表示です。しかし、ほんとうに瞬間的に温度を読むのでしょうか？　そうはいかないのですよ！超高速機器と称されるこの手の温度計は、上限の温度、というのはもちろん、料理が達しているべき温度なわけですが、そこまで上がるのには一〇秒から三〇秒かかります。つまり、そこまで上がる前に温度計を引き抜いてしまうと、あなたは料理の温度を実際よりも低く見積もることになります。

急いで温度を知りたいお気持ちはよくわかります。のろのろと働く温度計がロースト肉の内部温度を明らかにするまで、片手をオーブンに入れたまま突っ立っているなんて、誰だっていやです。しかし、ここに悲しい現実がありまして、どんな温度計も、温度計自体、少なくとも針状の部分が、挿《さ》しこまれた食べ物と同じ温度に達するまでは、その食べ物の温度を記録することはできないのです。温度計にできる唯一のことは、温度計自体の温度を示すことではないのかと、おっしゃるかもしれません。でも、温度計が食べ物の温度まで上がるのにかかる時間に関して、あなたができることはほとんどなく、アナログよりもデジタル温度計を選ぶことくらいでしょう。これからご説明しますが、一般的にデジタルのほうがアナログよりも計測が速いからです。

では、あなたができることは何でしょうか？　それは、食べ物のどの部分の温度をはかっているのか、正確に知ることです。二つのタイプの〝瞬間計測〟温度計には、この点で大きな違いがあります。

アナログ式は、針状の部分のバイメタルコイルによって温度を感知します。バイメタルコイルは二種類の金属を接合して作られたコイルです。この二種類のコイルは加熱時の膨張率が異なるため、熱によってコイルが歪み、それが目盛りの針を動かします。残念なことに、温度を感知するコイルはたいてい一インチ（約二・五㎝）以上の長さがあるため、実際にはかっているのは、食べ物のかなり広い範囲の平均温度ということになります。けれど、局部的な温度をはからなければならないことも少なくありません。たとえばローストしている七面鳥の内部は、部位によってかなり温度のばらつきがありますが、焼け具合を見るためには、腿《もも》肉のいちばん厚みのある部分の温度を知る必要があります。

デジタル温度計*なら、食べ物の狭い部分の温度をはかることができます。この種の温度計には電池式の小さな半導体が内蔵されていて、この半導体は温度によって電気抵抗が変化します「専門用語：サーミスタ」。小さなサーミスタは針の先端にありますから、デジタル温度計はとくに、ステーキやチョップのグリルなど、肉の中心部の温度を知る必要があるものに向いています。

デジタル温度計のもう一つの長所は、サーミスタが非常に小さいため、食べ物の温度をすばやく取りこめることです。だから、たいていアナログ式よりもデジタル式のほうが、計測が速いのです。

＊デジタル温度計
図9—2

鍋・コンロ・オーブン

圧力鍋の仕組み

圧力鍋って危険ではないですか。爆発しそうな気がします。仕組みは、どうなっているのですか。

圧力鍋は通常よりも高温で水を沸騰させることにより、加熱調理をスピードアップします。調理中は、シュッシュッ、カタカタ、ジージーと時限爆弾のような音を立て、今にも台所の壁という壁がパプリカ入りシチューの柄に模様替えされるのではと、生きた心地がしないものです。けれど、あなたのお母さんが使っていた一九五〇年代からはずいぶん進化していて、最近の圧力鍋はお行儀もいいし、誰でも簡単に使えるようにできています。ただし、調理器具すべてについて言えることですが、安全性は理解の問題です。圧力鍋に付いてくる取扱説明書は、恐怖心をあおる注意事項であふれていますが、あいにく、圧力鍋の仕組みを理解していない人には意味を成さないことばかりです。その理解のお手伝いをするのが、私の役目です。

圧力鍋がドカーンと――失礼、どきっとしました?――世の中に登場したのは、第二次世界大戦後、料理や掃除や子育てに追われて時間のない主婦のための、〝近代的〟料理器具としてでした。当時生まれたベビーブーム世代が今ではおとなになって、仕事だジムだアウトドアだと時間に追われる生活を送っています。キッチン・オリンピックのスピード部門金メダル級の道具なら、売れることまちがいなしです。

とはいえ、どんなに多くの近道を通っても、加熱調理には、ぜったいに避けることのできない、時間のかかる工程が二つあります。一つは、伝熱。食物の内部に熱を伝えることです。ほとんどの食物は熱伝導率が低いため、これは多くの〝クイック〟レシピにとってはネックとなる要因です。時間のかかるもう一つの工程は、加熱調理という反応そのものです。食物を生から火の通った状態に変える化学反応は、かなりの時間を要することがあります。

電子レンジは、食物自体の中に熱を発生させることで伝熱の遅さを回避します。しかし、スープやシチューをはじめ、水分をベースにした加熱調理法で起こる、複数の風味がゆっくり溶け合う現象によっておいしくなる料理はたくさんあります。たとえば、肉や野菜を油で炒めたあと、少量の水分を加え、鍋に蓋をして弱火でコトコト煮こむ「蒸し煮」も、その調理法の一つです。電子レンジの場合、ぐつぐつ煮立っている液体ではなくマイクロ波が加熱調理をするので、こういった調理はできません。

煮こむスピードを上げるためには、温度を上げることです。加熱調理を含め、すべての化学反応は、温度が高いほど速く進行するからです。けれど、それには大きな障害があります。水には、海抜ゼロ地点での沸点である一〇〇℃という、固有の温度限界があります。たとえ火力を火炎放射器並みにしても、水やソースが沸騰するのはたしかに速くなりますが、温度は一〇〇℃から少しも高くなりません。

そこで圧力鍋の出番となります。圧力鍋は水の沸点を約一二〇℃まで高めます。どうやって？　よくぞ尋ねてくださいました。料理書にも、圧力鍋の取扱説明書にも、めったに書かれていませんからね。

水が沸騰するためには、水分子は十分なエネルギーを蓄積して、液体から逃げ出し、蒸気か気体としてどんどん空気中に飛び出す必要があります。そのために水分子は、地球全体を覆《おお》っている大気の毛布を押し上げなければなりません。空気は軽いとはいえ、その層は上に向かって一六〇km以上におよびますから、この毛布はかなり重く、海抜ゼロ地点で、一平方インチ（約六・四五平方cm）あたり一五ポンド（約六・八kg）になります。つまり、通常の環境では、水分子は一〇〇℃の温度に相当するエネルギーレベルに到達しなければ、一平方インチあたり（per square inch略してpsi）一五ポンドの毛布を突き破り、蒸発することができないのです。

では、空気と蒸気を逃がす小さな調圧弁をもつ、密閉された容器、すなわち圧力鍋で少量の水を熱してみましょう。水が沸騰しはじめて蒸気が発生すると、調圧弁が閉じ、容器内の圧力が高まります。そして、全圧が三〇psi――空気から一五、加えて蒸気からも一五――に達してはじめて、調圧弁は過剰な蒸気を台所に向かって放出します。その後、圧力は三〇psiに保たれます。
この、さらに高い〝毛布〟の圧力を突き破って沸騰しつづけるために、水分子は以前よりも高いエネルギーレベルに達しなければなりません。三〇psiの圧力に打ち勝つために必要なエネルギーレベルは約一二〇℃相当で、この温度が新たな沸点になります。高温、高圧の蒸気は、材料にくまなく浸透することによって、加熱調理を加速させます。

密閉された圧力鍋を加熱しはじめると、水が沸騰して蒸気が発生するまで、調圧弁は空気を逃がしつづけます。ある種の圧制限装置のはたらきにより、蒸気圧は望ましい三〇psiの状態が維持されます。この装置は多くの場合、調圧弁のパイプの上につけられた小さなおもりです。調理中、おもりが横にずれて三〇psiを超える蒸気をすべて逃がしますが、このときに発するシューシューという音が、今にも爆発するのではなかろうかと人を怖がらせるのです。爆発したりはしません。新型の圧力鍋には、圧力を望ましいレベルに保つために、おもりではなくてスプリング式バルブが使用されています。

調理中は、蒸気圧を維持するのに十分で、しかも調圧弁から蒸気が逃げすぎない速度で内容物が沸騰するよう、バーナーを調節しましょう。いずれにしても、圧力調整器がはたらいて、圧力鍋爆弾を作らせてはくれません。所定の加熱時間が過ぎたら、内部の蒸気が凝結して——つまり液体に戻って——圧力を下げるように、鍋を冷ましましょう。安全装置で圧力が下がったことは確認できますから（圧力が下がるまでは開かないタイプもあります）、蓋を開け、料理を盛りつけて食卓に出します。

IHコンロの仕組み

IHコンロは、どんな仕組みで加熱するのですか。お隣さんが購入したので気になって、うちでも購入を検討しています。

調理用の熱を発生させる新たな方法として、過去一〇〇万年余の歴史のなかで初めて登場したのは電子レンジでした。そして今、二つめが登場しました。磁気誘導加熱です。

磁気誘導は、ヨーロッパや日本では一〇年ほど前から外食産業の厨房で、少し遅れてアメリカでも業務用厨房で取り入れられてきました。今では家庭の台所にも現れています。

ＩＨコンロと電気コンロの違いは、電気コンロが金属（バーナーのコイル）の電気抵抗によって熱を発生させるのに対し、ＩＨコンロは金属の磁気抵抗によって熱を発生させることです。後者の金属は、調理器具自体に含まれる金属です。

では、仕組みをご説明しましょう。

お隣のＩＨコンロの美しくて滑らかなセラミックの表面の下には、変圧器の中にあるワイヤーのコイルと同じようなものが、いくつかおさまっています*（図9―3）。ヒーターの一つのスイッチを入れると、六〇Hzの交流（AC）電流がコイルに流れこみはじめます。ここでは触れない（アインシュタインでさえ、自分を完全に納得させる説明のできなかった）理由により、電気がワイヤーのコイルに流れこむと必ず、そのコイルはN極とS極を備えた磁石のようなふるまいをします。この場合は、交流（AC）電流が毎秒一二〇回、方向を変えるため、コイルの磁石は毎秒一二〇回、前に後ろにと極性《きょくせい》を方向転換します。

この段階ではまだ、台所の中で何かが起こっているという兆候は皆無です。磁場の存在を見ることも、感じることも、音を聞くこともありません。IHコンロの表面は冷たいままです。

では、コイルの上に鉄のフライパンをのせましょう。交流磁場は、まず一つの方向に、次は逆の方向にと、毎秒一二〇回、極性を反転させながら、鉄に磁気を帯びさせます。しかし、磁化された鉄は頑固にもなかなか極性を逆にしようとせず、磁場の動きに相当の抵抗を示します。それが原因で大量の磁力が無駄になり、無駄になった磁力は鉄の中に熱として姿を現します。その結果、フライパンだけが熱くなります。炎もなければ、真っ赤に焼けた電気コイルもなく、台所は涼しいままです。

磁化可能な「専門用語・強磁性の」金属はすべて、この磁器誘導プロセスによって熱されるのです。ホウロウ引きでもそうでなくても、鉄ももちろんそうです。ステンレススチールも、すべ

＊IHコンロの仕組み
磁力を発生するコイルに電流を流す→磁力線（磁場）が発生し、フライパンや鍋の底に磁気を帯びさせる→フライパンや鍋が磁場の動きに抵抗→抵抗が原因で無駄になった磁力がフライパンや鍋の中に熱として姿を現す。
図9―3

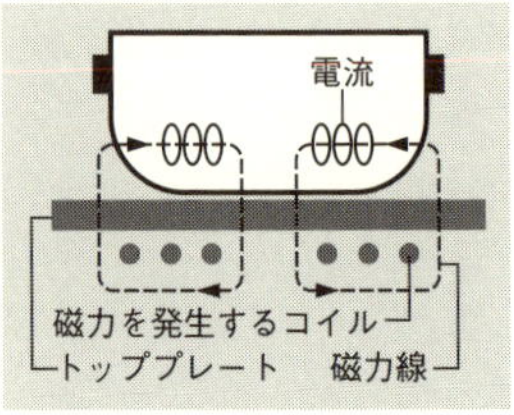

てではありませんが多くがそうです。しかし、アルミニウム、銅、ガラス、陶器はこれにあてはまりません。ＩＨコンロで使える鍋かどうかを見分けるには、冷蔵庫にくっつけてあるマグネットを一個はずして、鍋底にくっつくかどうか見てみましょう。もしくっつけば、ＩＨでの調理に使えるということです。

つまり、ＩＨコンロはかなり高額であるうえに、愛蔵の高価な銅の鍋が使えないのです。はたしてあなたのお隣さんは、かっこいいハイテク調理機器に大枚はたく前に、このことを考えられたのでしょうか？

「光で調理するオーブン」とは

熱ではなく、光で加熱調理するというふれこみの新種のオーブンを見かけました。光で調理なんてできるんでしょうか。

これは、火、電子レンジ、ＩＨコンロにつづく、四つめの加熱調理法でしょうか？　違います。いわゆる〝光オーブン〟が熱を発生させる方法は、電気コンロとほぼ同じ。金属の電気抵抗加熱を通して発生させるのです。

光オーブンは一九九三年あたりから業務用としてのみ使用されていましたが、最近は家庭向け製品が作られています。一九九九年には、ゼネラルエレクトリック・アプライアンスがビルトイン式オーブン〝アドバンティウム〟を、新築のキッチンに据《す》えつける製品として工務店や建設会社向けに販売を開始しました。*

　初めて光オーブンのことを聞いたとき、私の猜《さい》疑《ぎ》心《しん》スイッチは激しく点滅を始めました。光オーブンの宣伝文句のなかには、エセ科学的な誇大広告を思わせるものもあったからです。いわく、「光のパワーを利用する」だとか、「光速で」「内側から」加熱するだとか。

　光はたしかに、文字通り光速で進みますが、ほとんどの固形物に関して、あまり深いところまでは浸透しません。ためしに、ステーキ肉越しにこのページを読もうとしてごらんなさい。光のエネルギーが信じられないほど強力でないとすれば、食物を加熱調理できるだけのエネルギーを、どうやってその食物の内部に発生させることができるのでしょうか？　私の頭にまず浮かんだのは、レーザー光線でした。眼科手術から、あの小さな赤いドットを使った近所の人への嫌がらせまで、あらゆることに利用されている超パワフルな光線です。しかし、レーザーの光はごく狭い一点に集中しているため、一度に加熱できるのはせいぜい、米粒一つ程度でしょう。

　ああ、そういうことか。「光」があり、そしてまた別の「光」もあると。光オーブンの秘密は、放射エネルギーの強さだけでなく、オーブンが発生させる波長のブレンドにもあるのでした。ゼネラルエレクトリックの技術屋さんたちから収集した情報によると（企業秘密を漏れなく漏らし

＊**家庭向けの光オーブン**　日本ではパナソニックの「ビストロ」などが、光で加熱することを謳《うた》っている。

てくれはしませんでしたが)、次のような仕組みになっています。

「神は言われた。『可視光線よあれ。ついでに、紫外線、赤外線、さらには光の波長の全範囲を網羅する電磁スペクトルよあれ』」(旧約聖書創世記一章三節、一部改ざん)。われわれ人間が「光」と呼ぶものは、太陽エネルギーのスペクトルのうち、人間の目で感知可能な部分を薄切りにしたものにすぎません。しかし、もっと広い意味で「光」という言葉を使う場合は、正確な定義づけが必要になります。

光オーブンの内部には、特別に設計された長寿命ハロゲンランプがずらっと並んでいます。これは、現代の照明器具の多くに使われているハロゲンランプと大きな違いはありません。しかし、家庭用ハロゲンランプのエネルギー出力の内訳は、わずか一〇%が可視光線、七〇%は赤外線、残りの二〇%が熱です。一方、光オーブンのハロゲンランプは、可視光線、赤外線のさまざまな波長、そして熱を、秘密の混合比率で発生させます。この三つの組み合わせこそが、加熱調理を行うのです。

(あちこちの科学書に何と書かれていようと、赤外線は熱ではありません。物体によって吸収されたときのみ熱に変換される、放射エネルギーの一形態です。私は「変換途上にある熱」と呼んでいます。たとえば太陽の赤外線放射は、あなたの車のルーフに吸収されるまでは熱ではありません。レストランによっては、〝ヒート(熱)ランプ・ウォーマー〟を使っているところがあります。皿に盛られた料理を、テーブルに運ぶべきウェイターが休暇から戻るまで保管しておくものですが、これは赤外線を放射し、その放射を吸収することによって料理が温かくなるのです）

光オーブンの可視光線と、可視光線にほぼ近い光線は、たしかにある程度までは肉に浸透します。暗い部屋で親指に懐中電灯をあてると、透けて見えるように。さらに、マイクロ波のように水分子に吸収されることがありませんから、まず湯を沸かしてエネルギーを無駄にしたりせず、すべてのエネルギーを食品の固形物の部分に直接送りこめるのです。ハロゲンランプが発する波長のいくつかは、食品の約六・三㎜から八・四㎜まで浸透することができます。というと微々たる数字のようですが、届いた熱はそこから奥のほうへ伝わっていくのです。光オーブンは次に、浸透力でまさるマイクロ波でハロゲンランプを補強するという、インチキな行為に出ます（光オーブンは電子レンジの機能だけを使用することもできます）。

その間、長波長の赤外線と熱は何をしているかというと、食品の表面に吸収され、こんがりと焼き色をつけるという、電子レンジにはできない仕事をしています。ふつうのオーブンで焼き色をつけるのは時間がかかりますが、赤外線によって食品に届くのは熱の一部だけで、残りの熱は熱伝導率の低い空気を通じて運ばれるからです。光オーブンの赤外線は、食品の表面に直接はたらきかけ、ふつうのオーブンよりも高い温度に熱することができるため、焼き色のつくスピードが速いのです。

そう、スピードこそ、光オーブンのセールスポイントです。ゼネラルエレクトリックの市場調査班が、消費者が調理機器に最も求めるものは何かアンケートをとったところ、一位がスピード、二位がスピード、そして三位がスピードでした。ローストチキンを二〇分で、ステーキの網焼きを九分で仕上げたいのだそうです。

光オーブンの特筆すべき点は、そのコンピュータ・テクノロジーです。専用ソフトで動くマイクロプロセッサが、ランプとマイクロ波発生器のオン・オフの周期を、料理ごとの最適な加熱調理のために綿密に計算された順序でコントロールします。ゼネラルエレクトリックの市場調査の結果、全米の消費者の九〇%は、必要とするレシピがわずか八〇であることがわかったため、その八〇のレシピがオーブンの「自動調理」のデータバンクに組みこまれました。調理するステーキの種類、厚さ、重量、焼き具合を選んでボタンを押せば、食前のお祈りを言う前にステーキが焼きあがるというわけです。

ハイテク＆ローテク

クラッカーに穴がある理由

クラッカーにはなぜ、あんなにたくさんの小さな穴があいているのでしょうか。

リッツクラッカー、全粒粉の一種を使ったグラハムクラッカー、ソルティン（塩を振りかけて焼いたクラッカー）などなど、小さな穴が並んでいないクラッカーはないと言っていいほどです。

マッツォ*はユダヤ教徒が過《す》越《ぎこ》しの祭りの期間に食べる、発酵させていない薄くて平らなパンですが、その穴の数たるや、製造者にキツツキでもとりついたかと思うほどです。世俗のクラッカーに比べて、マッツォにはずっと多くの穴があけられています。けれど、これは単に伝統というだけではなくて、実用的な意味もあるのです。

クラッカーを製造販売しているキーブラー社の広報担当によると、クラッカー

＊マッツォ
図9—4（©Yoninah）

の穴には、暇でしかたのない人たちの心をとらえてやまない、ある種、神秘的なものがあるのだそうです。彼らはキーブラーの苦情処理窓口に電話してきて、こんな質問をします。「ソルティンの穴は一三個、グラハムクラッカーは種類によって穴の数がばらばら、〝チーズイット*〟の穴はたった一個。いったいどういうわけだ?」。担当者は答えます。

「そういうふうになっているんです」

では、クラッカーの穴あけ科学・入門編とまいりましょう。

クラッカー工場では、小麦粉と水を巨大なミキサーに投入し、一度に焼く量の一〇〇〇ポンド（約四五四kg）の生地を手早く作ります。このやりかたでは、水と粉のミックスを撹拌《かくはん》中、多少の空気が入りこむことは避けようがありません。次に、できあがった生地をごく薄く延ばし、熱した焼き釜（ソルティンの場合は約三四三℃から三七一℃）に入れると、閉じこめられた気泡は膨張し、ときには破裂することもあります。空気が熱されると膨張するのは、分子の動きが速くなり、閉じこめられている壁を押す力が強くなるからです。

空気の膨張で生地が薄くなった部分は、見た目が悪いことに加え、焼けるのが速すぎるために、生地の他の部分が焼ける前に焦げてしまいます。それに、もし破裂すれば、表面に小さな疵《きず》やへこみが残ります。あちこちに塹壕《ざんごう》を掘った戦場みたいな黒焦げのクラッカーなんて、ティータイムのテーブルに出したら、お茶の席も盛り上がらないでしょう。

***チーズイット**
ケロッグ社のクラッカー。チーズ味。
図9—5

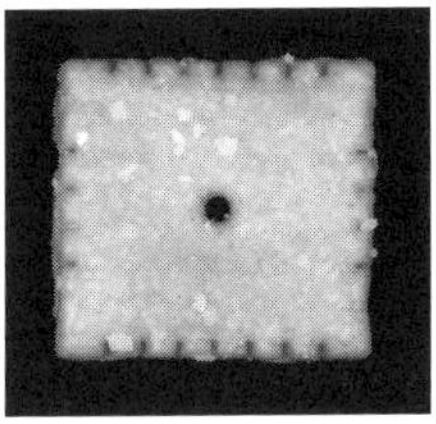

そこで、薄く延ばした生地を焼き釜に入れる直前に、「ドッカー」と呼ばれる、鋭く尖《とが》ったピンが突き出した大きなシリンダーを、生地の表面に転がします。ピンは気泡を突き刺し、気泡があった動かぬ証拠の小さな穴を残します。ピンの配列は、原料、焼くときの温度、仕上がりの見た目など、クラッカーの種類によって異なっています。たとえばソルティンなら、消費者は、なだらかな起伏のある丘のような形状を好む傾向があるため、くぼみとくぼみの間に気泡のふくらみが多少あっても、いいことになっています。正方形の小さなクラッカー、チーズイットは、真ん中に大きめの穴が一つあり、中央がくぼんだ枕のようにも見えます。

さて、クラッカーの穴の話はもう十分、というのでなければ、こんなことも考えてみてくださ い。ベーキングパウダー(重曹)などの膨張剤を使用していないクラッカーの場合、発酵して膨らんでいる生地を休ませているとき、あるいは焼いている間に、穴はある程度なくなります。けれど、少なくともかすかなくぼみとしては、まだ存在しているのです。穴があいていないように見えるクラッカーを、一枚手にとって光にかざしてみてください。なかには、〝化石化〟した穴の痕跡《こんせき》が見えるものがあるはずです。

気泡をつぶすのは、マッツォを作る際にはとりわけ大事なことです。なぜかというと、マッツォは約四二七℃から四八二℃のきわめて高い温度で、短時間で焼かれるからです。これだけの高温になると、生地の表面はすぐに乾燥し、膨張した気泡が固くなりかけた生地を突き破って破裂しやすくなり、焼き釜の中はコーシャー・ソルト爆弾の破片だらけになります。そのため、頑丈な気泡つぶしの機械、「スティップラー」が準備されています。これはドッカーとほぼ同じ仕組みで、延ばした生地の上を転がすのですが、ピンが狭い間隔でびっしり並んでいます。それがマッツォの表面に、平行に並んだ溝のような模様を残します。

過越しの祭り期間中の食事規定からは、いかなる膨張剤の使用も除外されているため、マッツォは小麦粉と水だけで作られます。一面に細かく穴をあける理由の一つは、たとえ膨張剤を使わず、膨張した気泡のせいで膨らんでいるだけだとしても、膨張しているように見えるのを避けるためです。マッツォの生地には膨張剤を使っていませんから、焼き釜に入れても膨らまないため、細かい穴は消えることなく、焼きあがったマッツォに、かなり目立つ状態で残ります。それでも、マッツォの表面の溝と溝の間に、盛り上がった部分ができることがあります。これは、スティップラーからうまく逃れたものの、破裂できるだけのサイズに成長するチャンスのなかった、非常に小さな気泡が作り出したものです。このような破裂しなかった気泡があると、その部分の生地が薄くなって他の部分より速く焼き色がつくので、焼きあがったマッツォの個性的な見た目に貢献していると言えるでしょう。

これでおわかりになりましたよね。パイを焼く前に生地に穴をあけたり、さらに慎重を期して、生地が浮き上がらないように豆や専用のパイ・ウェイトでおもしをしたりする理由が。生地の中の気泡以外にも、焼き型の底と生地の間に隠れている空気があるかもしれないのです。何も爆発したりすることはありませんが、予防策をとらなければ、パイが焼きあがったときに底が弓なりになっている確率は高いでしょう。

放射線の「食品照射」は安全か

放射線を食品に当てる「食品照射」をめぐって議論がかわされているようです。くわしいことを教えてください。安全なのでしょうか。

食品照射とは、食品製造業者が自社の製品を市場に出荷する前に、非常に強いガンマ線、X線、あるいは高エネルギー電子を照射する工程を指します。

なぜ、そんなことをしたがるのでしょうか？　いくつか理由を挙げてみます。

・照射によって、大腸菌、サルモネラ菌、ブドウ球菌、リステリア菌といった有害な細菌を死滅させ、食物媒介性疾患《ばいかいせいしっかん》の危険性を軽減させる。
・照射によって、化学農薬を使わずに昆虫や寄生虫を殺す（現在のアメリカで使われているスパイス、ハーブ、調味料の多くは、しばらく前からこの目的で照射を受けている）。
・照射によって食品の腐敗を抑制し、またそのことで、世界的に十分な食糧供給体制を作ることができる。世界中の三〇を超える国で、果物と野菜、スパイス、穀物、魚、肉、家禽《かきん》類など四〇種類ほどの食品に対し、日常的に照射が行われている。*

　食品照射の広範な使用に対する反対意見には、二つの種類があります。一つは社会経済的な問題に、もう一つは安全性に重点を置いています。

　社会経済的な意味でのおもな反対論は、食品業界が自分たちの利己的な目的のために、食品照射を利用するのではないかということ。食品業界と農業界が、決して十分とは言えない衛生対策を改善する代わりに、ずさんな方法で製造され、汚染された肉などの食品を〝中和〟するため、最後の責任回避手段として、食品照射に依存するようになるのではと危惧《きぐ》を抱いているのです。

　私はアグリビジネスの擁護者ではありませんし、ついでに言えば、得策と思えば市民の安全を犠牲にしても、金儲さえできればいいという企業を擁護するつもりもありません。たとえば、有害廃棄物の不法投棄《とうき》という否定しようのない歴史があり、製品を燃やした煙を吸いこむと致死的な影響があると知りながら、業界内で示し合わせて事実を隠匿《いんとく》するようなことが存在するのも事実ですから。こういう事情を考慮すると、食品製造業にとって食品照射は魅力的な選択肢であり、その動機は、多くの市民が正しくないとみなすものだろうと考えざるをえません。

　私も一市民として食品照射に対する意見はありますが、これをもって、食品照射の賛否をめぐる政治的、社会的、経済的議論からは身を引き、純粋に科学的な問題に焦点を合わせることにし

＊各国の食品照射の状況
日本で照射が許可されているのはバレイショのみ（二〇一二年現在）。一九七二年、バレイショの発芽を止めるためのガンマ線放射を当時の厚生省が許可し、一九七四年から実用照射開始。

ます。私はそちらのほうに適任だと思いますので。他の問題については、あくまでも科学的事実を明らかにしたあとで、客観的立場を装いつつ議論を戦わせるべきです。

食品照射は安全ですか、というのがあなたのご質問ですね。では、飛行機は安全ですか？　インフルエンザの予防接種は安全ですか？　マーガリンは安全ですか？　生きることは安全ですか？（もちろん安全ではありません。必ず死で終わるのですから）あなたの質問にけちをつけるつもりはありませんが、「安全」というのは、おそらく最も役に立たない言葉でしょう。文脈や解釈しだいで意味が変わったり、言外の意味や含みをもたせて使われたりすることが多すぎて、何の意味もない言葉になっています。そして、無意味な言葉は、言語が果たすべき役割を裏切ってしまうのです。

否定命題を証明するのは実質的に不可能だと、科学者は口をそろえて言うでしょう。すなわち、あること（たとえば不吉なできごと）が起こらないのを証明しようとするのは、不毛なことです。逆に、あることが起こるのを証明するのは、比較的簡単です。何度かやってみて、起こったらそれに目を向ければいいのです。もし起こらなかったとしても、つねに次回がありますが、次回がどうなるかを予測するのは予言であって、科学ではありません。詰まるところ、科学が扱えるのは確率だけなのです。

そういうわけで、ご質問を言い換えさせてください。「照射を受けた食品を口にして、何らかの形で健康に悪影響が出る可能性――確率――は、どんなものでしょうか？」と。「きわめて低い」

というのが、科学的合意です。

これまで生きてきたなかで、放射線を発生させ、また、それなりの量の放射線を浴びてきた一人の核化学者（私）からの、簡潔な回答を示します。

Q：照射食品は癌《がん》や遺伝子損傷を引き起こしますか？

A：今までそのようなことは起こっていません。

Q：照射によって食品は放射能を帯びますか？

A：いいえ。放射線のエネルギーレベルは、核反応を引き起こすには低すぎます。

Q：照射によって、照射対象の化学組成《そせい》は変化しますか？

A：もちろん変化します。だから効果があるのです。詳しくはのちほど。

大きな問題が一つあります。それは、多くの人にとって「放射」という言葉との初めての出合いが、原子爆弾や壊れた原子炉が吐き出す「死を招く放射能」（メディアが大好きなフレーズ）という文脈の中でだったということです。しかし、放射という概念はもっと広く、そして無害なものなのです。

光とほぼ同じ速度であちこちに移動しているエネルギー波やエネルギー粒子は、すべて放射です。あなたのデスクにのっている照明器具は、光という名の可視放射を発しています。あなたがオーブンのブロイラー機能を使うとき、ヒーターは目に見えない赤外線放射を発しています。あなたの電子レンジは冷凍グリーンピースの中にマイクロ波を送りこんでいます。携帯電話やラジオやテレビ局はそれぞれ、無意味なおしゃべりと、くだらない音楽と、ばかばかしいホームコメディを乗せた放射を送り出しています。

　そして、原子炉内部には放射性物質が発する非常に強い核放射線があり、食品照射に使用されるのと同じガンマ線もその一種です。やはり食品照射に使用されているX線や高エネルギー電子線とともに、これらの放射線は、「電離《でんり》放射線」または「イオン化放射線」と呼ばれています。強力なエネルギーで原子を分解して「イオン」*に、すなわち電荷を帯びた断片にするからです。微生物から人間まで、生物にとっては実に危険な存在です。

＊イオン
イオンについての基本的な事柄は1巻P53参照。

　けれど、私たちが料理に使う熱は、地獄の炎の中で猛《たけ》り狂っている熱とまったく同じなのです。あなたはロースト肉と並んでオーブンに入りたくないでしょうし、同じように、原子炉内部に入るのも、照射されている最中の食品の横にいるのもいやでしょう。だからといって、料理も照射も危険だということにはなりません。すべては、誰が、あるいは何が放射を受けているかの問題です。

　X線とガンマ線は動植物の組織の奥深くまで浸透し、その過程で、生細胞の原子と分子に損傷を与えます。この二種類の放射線は、電子線とともに食品照射に使用されていますが、その理由はまさしく、昆虫や微生物の細胞を壊し、DNAを組み替えて繁殖を、ときには生存さえも阻止するからです。熱も、もちろん同じことをします。ですから、牛乳やフルーツジュースをはじめ、さまざまな食品が加熱による殺菌処理をされているわけです。ところが多くの細菌は、低温殺菌で不活性化されるバクテリアよりも死滅させにくいのです。そのため思いきった手段が必要になりますが、高温で処理すると、食品の味やテクスチャー（食感や歯ごたえ）の変化が大きすぎます。そこで照射の出番になります。

電離放射線は分子をつないでいる化学結合を切断することができますが、分解された断片はすぐに、独自の新しい配列で再結合し、放射線分解生成物と呼ばれる新たな化合物を形成します。このように、照射はたしかに破壊的な化学変化を引き起こします。そしてそれによってバクテリアを死滅させます。しかし、DNAの変化がバクテリアにとっては致命的である一方で、照射に使用される程度の放射強度では、食品中で起こる化学変化は微々たる量です。しかも、形成される新たな化学物質の九〇％は、食品中、とりわけ加熱調理済み食品中に最初から存在しているものです。（加熱調理も当然、化学変化を引き起こしますから）残りの一〇％ですか？　アメリカ食品医薬品局（FDA）が食品照射を認可する前に検討した四〇〇以上の調査報告書では、照射食品を食べることによる好ましくない影響は、人間にも、数世代にわたって観察された動物にも見受けられませんでした。

これはぜったいに「安全」だとはっきり証明できるものは何もなく、チョコレート・プディングでさえ例外ではありません。でも私は、プディングについて知りたければ食べるにしくはなし、という有名な科学的原理を信じています。論より証拠、と言うでしょう？　どうやらFDAも、米農務省も、アメリカ疾病管理予防センター、食品技術者協会、米国医師会、それに世界保健機関（WHO）もそう考えているらしく、さまざまな形態の照射食品の安全性をそろって認可しています。

よく聞かれるのが、食品照射の普及によって、放射性廃棄物処理という深刻な問題が起こることへの懸念です。原子炉燃料の再処理中に発生する、膨大な量の強い放射性廃棄物のことが頭にあるため、人が使用済み食品照射装置の廃棄を気にするのは当然かもしれません。しかし食品照射装置は、危険ではあっても、原子炉とは違います。懐中電灯の電池が、発電所とは違うのと同じように。たしかに放射性物質が使用されていますが、使用による廃棄物の蓄積はありません。

それでは、三種類の食品照射装置の危険性を一つずつ見ていきましょう。

食品照射に使用されるX線と電子線は、スイッチが切れるとすぐに、照明の灯りが消えるように消えてしまいます。危険因子が残ることはなく、また、放射能とのかかわりはいっさいありません。

コバルト60照射装置は、世界中で何十年も前から癌《がん》治療の現場で安全に使われています。放射性コバルトは、巨大なコンクリートの壁で人間と遮《さえぎ》られなければならない物質ですが、小さなエンピツのような形状の固体金属ですから、漏れることはありません。誰かが近所の小川に投げこむこともありません。食品照射反対派は、一九八四年、どういう経緯からかコバルト放射線治療装置がメキシコの屑鉄回収所にたどりつき、その放射線はやがて、テーブルの脚など、再生スチール製品の中におさまることになったという事実を指摘しています。しかし、これは放射性廃棄物の問題ではありません。どれだけ予防措置や規制を講じても人間の心から消すことのできない、愚かさか、そうでなければ欲深さという、二つの特性の嘆かわしい実例でした。

セシウム137も、コバルト60同様、何種類かの照射に使用されているガンマ線源で、粉末がステンレススチールのカプセルにおさめられています。セシウム137は原子炉燃料再処理の副産物で半減期は三〇年ですから、長く有益な生涯を終えたあとは、砂杭《すなぐい》*の材料として原子炉廃棄物に戻すことができます。一九八九年、医療機器の殺菌用ガンマ線源として使用されたセシウム137が大量に漏れる事故がありましたが、原因が究明されて問題は解決しています。

食品照射に対する〝技術的〟な反対意見のうち、よく言われることをいくつか集めてみました。

「食品照射には、胸部レントゲン十億回分に相当するX線が使用されるが、これは一人の人間を六〇〇〇回も殺すのに十分な放射線である」

――そんなことに、いったい何の意味があるのでしょうか？　食品照射は食品に対して使用されるもので、人間が対象ではありません。製鋼所で鉄鋼を溶融《ようゆう》させる際の温度は約一六五

＊砂杭《すなぐい》　粘土質などの軟弱な地盤を改良するために地盤の中に入れる、砂を充填《じゅうてん》した柱状のもの。

○℃で、これは人体を蒸発させるのに十分な熱さです。だからこそ製鋼所や食品照射施設の従業員は、溶融タンクでひとっ風呂浴びたり、食品照射用コンベヤーベルトの上で昼寝したりしないよう、厳重な注意を受けているのです。

「照射食品をひと口食べるごとに、われわれは電離放射線に間接暴露している」

――直接的、間接的が何を意味するかはともかく、どちらの形でも食品中に放射線はまったく存在しません。鉄鋼製のものに触れるたびに、私たちは一六五○℃の熱に〝間接暴露〟しているのですか？

「電離放射線は有害な微生物だけでなく、有益な微生物も死滅させることがある」

――その通りです。缶詰めをはじめ、ほぼすべての食品保存法もそうです。だから何だと言うのですか？　有益な微生物を含まない食品を一サービング食べたからって、何の害もありません。

「電離放射線は、たとえば大腸菌とビタミンEを識別することができない。電離放射線を浴びたものは、栄養分も含めてすべてが変化してしまう」

――これも、食品の種類と照射量によって、ある程度は正しいと言えるでしょう。しかし、多少のビタミン損失が、照射による食品殺菌廃止の理由になるとは思いません。どんな食品保存法も、ある程度は食品の栄養的特徴を変化させるものです。それに、誰も照射食品だけの食生活を送るような状況にはならないでしょう。

さあ、食品照射は安全でしょうか？　まちがいなく安全だと証明可能なものが、この世にありますか？　健康を増進し、命を救ってくれる処方薬の包みに必ず細かい字で印刷されている、「可能性のある副作用」の注意書きを読んでください。もしも「完全な安全性」が新薬承認の基準であれば、販売可能な薬品はなくなってしまうでしょう。メリーランド大学医学部で微生物学と免疫学を専門とするジェイムズ・B・ケイパー教授は、大腸菌食中毒が子どもたちに与えた深刻な被害を目にしてきた方ですが、このようなことを指摘なさっています。「将来的には、命にかかわるほどではない健康への悪影響が、照射食品の摂取と関連づけられるかもしれません。しかし今、食品照射を禁止すれば、その頃には多くの人が、それも大部分は子どもが、照射食品を摂取していれば予防できたはずの大腸菌に冒されて命を落としているでしょう」

人生はリスク対効果の分析の連続です。ある程度のリスクは、技術的進歩には必ずついてまわる暗い影の部分です。たとえば、一九世紀の最後の一〇年を迎えるまで、家庭に電気は来ていませんでした。それが二〇世紀最後の一〇年になると、合衆国内で毎年、平均二〇〇人以上が、照明器具、スイッチ、テレビ、ラジオ、洗濯機、乾燥機などの家電製品によって感電死し、さらに四万件にのぼる漏電《ろうでん》火災で三〇〇人が亡くなっています。家庭に電気が来ていることから起こるこのような結果を、私たちが遺憾《いかん》に思いながらも受け入れているのは、電気の効果がリスクを大幅に上まわるからです。

食品を保存し、有害なバクテリアや昆虫や寄生虫を死滅させ、ひいては世界中の食糧供給事情を改善して人命を救うという効果と、それよりも起こる可能性のずっと低い、命にかかわることはありえないリスクを、私たちは秤《はかり》にかけなければならないのです。

冷蔵庫の各部分の機能

冷蔵庫のそれぞれの部分（コンパートメント）を、どう使っていいかわかりません。どこに何を入れればいいのでしょうか。

うちで飼っているシャム猫のアレックスは、私が冷蔵庫の扉を開けるたびに、金塊《きんかい》保管庫を覗《のぞ》き見る銀行強盗のような目つきで冷蔵庫の中身を観察します。あの巨大で堅牢《けんろう》な白い金庫の中には、人生のもたらす悦楽がすべて（彼は去勢されているので）詰まっていることを知っているのです。

私たち人間も、アレックスと大差ありません。冷蔵庫は私たちにとって宝箱のようなもの。個人のライフスタイルは、身につける衣服よりも、運転する車よりも、冷蔵庫の中身に反映されるのです。

冷蔵庫のおもな用途はもちろん、子どもや孫が書きなぐった〝アート〟は言うまでもなく、マグネットに接着剤でくっつけられる、ありとあらゆるくだらないものを展示することです。しかし、冷蔵庫には低温状態を生み出すという特性もあり、低温は、化学的な酵素反応から、細菌、酵母、カビ菌などの破壊屋連中による大被害まで、食品を腐敗させるすべての過程の進行速度を落としてくれます。

私たちが成長・繁殖を阻止したい細菌には、二種類あります。病原菌と腐敗細菌です。腐敗細菌は食物に不快な味やにおいを発生させ、食べられなくしますが、一般的に言ってこの細菌で病気になることはありません。しかし病原菌のほうは、味や見た目ではまったく感知できなくても、危険な存在です。低温はどちらの繁殖も抑えてくれます。

それじゃあ、アリス、そろそろ「不思議の冷蔵庫」をめぐる旅に出てもらおうかな。この瓶を見てごらん。「ドリンク・ミー（わたしをお飲みなさい）」のラベルが貼ってあるだろう？　中身を飲んだら体が小さくなって、白うさぎを追いかけて冷蔵庫の中に入れるよ。

アリス：うわぁ（ぶるぶるっ）。ここ、寒くて凍っちゃいそう！

白うさぎ：それもそのはず、ここは冷凍室だからね。漏れた冷気が下がっていって、下のほうのコンパートメントを冷やせるように、冷凍室はたいてい、いちばん上にあるんだ。

アリス：ここの温度はどれくらいなの？

白うさぎ：冷凍庫の温度はマイナス一八℃以下*って決まってる。だから、水の氷点より一八℃低いってことだね。

アリス：うちの冷凍庫がその温度以下かどうか、どうすればわかるの？

白うさぎ：冷凍・冷蔵庫用温度計を買うことだね。低温を正確にはかれるよう、特別に設計された温度計なんだ。冷凍庫に入ってる冷凍食品の隙間に差し入れて、扉を閉め、六時間から八時間待つ。で、温度計を引っぱり出して、もしもマイナス一八℃より二度以上高ければ、冷凍庫の温度調節つまみを設定しなおして、また六時間から八時間後にチェックすればいい。

さて、お次は下におりて、冷蔵庫の中心部だ。ここは冷凍庫よりも、ずいぶん温かいよ。

アリス：温かい？　これが？

白うさぎ：ものごとはすべて相対的なんだよ。台所の中は、ここより少なくとも一七℃ほど温かい。冷蔵庫のはたらきっていうのは、今ぼくらが入ってる箱から熱を取り除くことなんだけど、でも熱はエネルギーで、エネルギーは、壊したら消えちゃうものじゃない。一つの場所から取り除いたら、どこか別の場所に行かなければだめなんだ。そこで、冷蔵庫はエネルギーを台所に向かって放り出すってわけ。いかれ帽子屋は、冷蔵庫は実のところ台所用暖房器具だって言ってるけど、その通りさ。だって、冷蔵庫が外に送り出す熱は、自分の中から取り除く熱より多いんだ。なぜかというと、熱を取り除く作業が熱を発生させるから。だから、冷蔵庫の扉を開けっぱなしにしても台所は冷えないのさ。ただ熱をこっちからあっちへ移動させてるだけだし、熱を取り去

＊冷凍庫の温度はマイナス一八℃以下
日本でも一般家庭向け冷蔵庫の冷凍庫はマイナス一八℃以下となっている。

るどころか、増やしてるんだからね。

アリス：冷蔵庫はどうやって熱を取り除くの？

白うさぎ：冷蔵庫は、フロンっていう名前の、すごく蒸発しやすい液体を内蔵してるんだ。いや、していた、と言うべきかな。少なくとも、フロンが地球のオゾン層を破壊するってことを科学者が発見する前は。新しい冷蔵庫は、フロンよりも地球にやさしい化合物を使ってて、これがまたHFC134aっていう、わけのわからない名前なんだけどね。とにかく、液体は蒸発する（沸騰する）とき、まわりの熱を吸収するから、その部分の温度が下がる（理由を説明する余裕はないけど）。で、蒸気が圧縮されて液体に戻ると、吸収していた熱を放出して元に戻す。冷蔵庫はこの箱の中で液体を蒸発させて、ほら、その壁にある金属のコイルを冷やすんだ。次に、蒸気を圧縮して液体に戻し（あのブーンという音は、圧縮機のモーター音）、そのときに発生した熱を、冷蔵庫の裏側か底に隠されてる、迷路みたいに入り組んだコイルを通じて箱の外に発散させる。適切な温度に保つために、サーモスタットが必要に応じて圧縮機のスイッチを入れたり切ったりするんだよ。

アリス：適切な温度って、どれくらいのこと？

白うさぎ：冷蔵庫のメイン・コンパートメントの温度は、つねに五℃未満であること。それより高いと、バクテリアの繁殖スピードが速くなって危険だから。

アリス：新しい温度計を買ったら、それでメイン・コンパートメントの温度もはかれる？

白うさぎ：はかれるとも。冷蔵庫の真ん中に水の入ったグラスを置いて、その中に温度計を入れてごらん。そして六時間から八時間後に見て、五℃よりも低くなければ、メイン・コンパートメントの温度調節つまみを調整して、また六時間から八時間後に温度を確認すればいい。

アリス：わたしの冷蔵庫ならどれも、ぴったりの温度だと思うわ。どうもありがとう。でも、冷蔵庫の中になにを入れたらいいのかしら？

白うさぎ：何って、ふつうのものさ。生きたカニとかね。あいつらは冷蔵庫に入れるとおとなしくなるから、蒸すときに爪を振りたててきたりしなくなるんだ。あと、キャンドルのロウがついたテーブルクロスとか。冷えると固くなるから、こそげ落とすことができるよ。それに、湿った洗濯物にすぐアイロンをかけられないときは、ビニール袋に放りこんで冷蔵庫に入れておくといい。そうそう、古いコサージュも……。

アリス：もういいわ、もの知りさん。じゃあ、なにか冷蔵庫に入れちゃいけないものはある？

白うさぎ：あるよ。トマトは約一〇℃以下に冷やすと大切な風味成分が失われるから、味が落ちる。ジャガイモは、デンプンの一部が糖に変わって、いやな甘みが出る。パンはきっちりラップしておかないと乾燥して堅くなるし、ちゃんと保存袋に入れても、内側にカビ胞子が発生することがある。パンは冷凍するのがいちばんだね。それと、たっぷりの残りものをまだ温かいうちに入れると、バクテリアの発生しやすい、危険なレベルまで冷蔵庫の温度が上がることもある。小さめの冷えやすい容器に分け、水に浸けて冷やしてから冷蔵庫に入れるといいよ。キッチンカウンターの上で冷まさないように。危険な温度で長いあいだ置いておくことになるからね。

アリス、危ないよ！　シェルフの端に寄りすぎてる！

アリス：助けて！　なんか、引き出しみたいなものの中に落っこちちゃった。ここはどこなの？

白うさぎ：野菜室《クリスパー》だよ。

アリス：わたし、べつにしゃきっと《クリスプ》したくないんだけど。

白うさぎ：そこは果物と野菜専用の場所で、温度よりも、湿度を調節するんだ。湿度をある程度の高さに保たないと、野菜は乾燥してしなびてしまうからね。野菜室は閉じられたボックスだから、水蒸気を逃さない。でも、果物が必要とする湿度は野菜よりも低いから、中身を入れ替えるたびに隙間《すきま》を調整できる野菜室もあるんだよ。

アリス：なるほどね。ところで、この下にある、もう一つのコンパートメントはなに？

白うさぎ：あれはミートキーパー。肉類の保存場所だよ。冷凍庫を除けば、冷蔵庫でいちばん温度の低いところ。冷気は下がってくるから、ミートキーパーを冷蔵庫のいちばん下にしてあるってわけ。肉や魚はできるだけ低温で保存しないといけないからね。なんにしても、生魚は一日以上置かないことだね。

ミートと言えば、とっても大切な〝ミーティング〟に遅れそうなんだ。ほら、このもう一本の「ドリンク・ミー」を飲んで。そしたら元の大きさに戻るから、その前にここを出よう。

おっと、ライトを消し忘れちゃだめだよ。

謝辞

物書きとは別の仕事に従事するかたわら、副業としてフリーランスのライターをするという生活を長年続けていた私に、あるとき、食に関する執筆という〝ビッグ・チャンス〟が訪れました。それは、当時『ワシントン・ポスト』紙のフード・エディターだったナンシー・マッキーンのおかげでした。彼女が私に、あのような一流紙に食品科学のコラムを執筆する機会を与えてくれたのです。私のコラム〝Food 101（食品の基礎知識）〟が『ワシントン・ポスト』紙をはじめとする新聞各紙に掲載されて、本書執筆時点で早や四年を迎えました。これもみな、好きなことを好きなように書かせてくれる現在のフード・エディター、ジャンヌ・マクマナスが、つねに変わらず私を信頼し、サポートしてくれるおかげです。

本書が生まれるきっかけになったのは、フード・ライターであり、レストラン評論家、料理講師でもあるマーリーン・パリッシュと出会い、結婚したことでした。以来、食を愛する科学者兼ライター、かつ趣味の料理人として、私は食とその背景にある科学をテーマに、ますます意欲的に執筆するようになりました。妻から私への愛に満ちた信頼がなければ、本書は生まれていなかったでしょう。本書のレシピはすべてマーリーンが考案、試作したもので、どのレシピも、私が解説する科学的原理を具体的な形にするため、特別に考えてくれました。おまけに、私が本書の執筆とリライトに明け暮れた長くてつらい数か月のあいだ、欠かさずランチまで作ってくれました。

私の著作権エージェント、イーサン・エレンバーグには、長年にわたる助力にあらためて感謝します。思いがけず険しい道を歩くことになったときにも、誠実さと的確なアドバイスととびきりの笑顔で私のために尽くしてくれて、ほんとうにありがとう。

W・W・ノートン社でマリア・グアルナシェリが担当編集者になってくれたことは、私にとって非常に幸運なことでした。マリアはけっして妥協することなくクオリティを追求する人で、私が道からそれたときには穏やかに誘導して正しい道に引き戻し、しかもつねに励ましつづけてくれました。本書がどのようなものに出来上がったかはともかく、もしもマリアの鋭い直感と知識、判断力なしに、また、彼女と私のあいだで培《つちか》われた信頼と尊敬と友情なしに作っていたらと考えると、それよりもはるかに、はるかに優れた本になっているのはたしかです。

作家は本を書くのではありません。原稿を書くのです。紙に書いたただの言葉が、忍耐力と熱意にあふれた出版社のプロフェッショナル集団によって、一冊の本に生まれ変わるのです。すばらしい才能を発揮し、私の原稿を、今あなたが手にしておられる立派な本に変身させてくれた、

W・W・ノートン社のスタッフに感謝します。とくに、制作責任者のアンドリュー・マラシア、アート・ディレクターのデブラ・モートン・ホイト、編集長のナンシー・パルムクイスト、フリーランス・アーティストのアラン・ウィトションク、そしてデザイナーのバーバラ・バックマンには心から感謝します。

娘のレスリー・ウォルクと夫のズィブ・ヨールスは、私が何でも知っていると思いこんでいるようですが、そんなことはありません。このような本を書くためには、ここに名前を書ききれないほど多くの食品科学者や食品業界の方々からの、アドバイスや情報が必要だったことは言うまでもありません。貴重な専門知識や情報を快く教えてくださった皆様に、お礼申し上げます。

現代のノンフィクション作家はひとり残らず、博識でありながら実体がなく、とらえどころのない存在であるインターネットと呼ばれるものから、多大な恩恵を受けているのではないでしょうか。指先でマウスをクリックするだけで、世界中の情報を（かなりの量の誤った情報もまじえて）届けてくれるのですから。インターネットがどこにいるかは知りませんが、どこにいても、きっと私の心からの感謝の気持ちを受けとめてくれるでしょう。

最後になりましたが、私が新聞に書いているコラムのすばらしい読者がいなければ、この本を書くことはできませんでした。読者の皆さんがメールと手紙でお寄せくださった質問や反響のおかげで、どうやら自分が世の中の役に立っているらしいと思いながら、ここまでやってくることができました。私ほど読者に恵まれた物書きは、世界中探してもいないでしょう。

用語集

＊あいうえお順。解説文中の太字は、別途独立項目があることを示す。

アミノ酸——アミノ基《き》（$-NH_2$）と酸性基（-COOH）の両方をもつ有機化合物。これらの化学式中、Nは窒素《ちっそ》、Hは水素、Cは炭素、Oは酸素を指す。約二〇種類のアミノ酸が集まって、タンパク質の天然構成成分となっている（関連図・解説→1巻P31）。

亜硫酸塩——亜硫**酸**の**塩**《えん》。亜硫酸塩は酸と反応して、漂白剤や抗菌剤に使用される二酸化硫黄を生じさせる。

アルカリ——日常的にこの言葉を使う場合には、苛性ソーダ（水酸化ナトリウム）や重曹（重炭酸ナトリウム）など、水に溶解して水酸化物**イオン**（OH^-）を発生させる化学物質全般を指す。このような物質を化学用語では「塩基《えんき》」という。より厳密には、アルカリは特に塩基性の強い（pH値の高い）物質を指し、ナトリウムやカリウムなど、いわゆるアルカリ金属の水酸化物がこれにあたる。酸と塩基（アルカリを含む）は中和反応を起こして**塩**《えん》を生成する。

アルカロイド——植物に含有される、苦みと強い生理的作用をもつ化合物。アルカロイド族には、カフェイン、コカイン、ニコチン、キニーネ、ストリキニーネ、コデイン（メチルモルヒネ）、アトロピンなどがある。

イオン——電荷を帯びた**原子**、もしくは原子団。負の電荷を帯びた**イオン**は**電子**を過剰に得た状態であり、正の電荷を帯びた**イオン**は**電子**を一つ以上失った状態である（関連図・解説↓1巻P53）。

塩《えん》——**酸**と塩基《えんき》、あるいは**酸**と**アルカリ**が反応して生じる化合物。食卓塩の成分のほとんどを占める塩化ナトリウムは、他のどの種類よりも身近な塩《えん》である。

核形成部位——液体に溶解した気体の分子が集まって泡を形成する際、足場の役割を果たすもの。液体の入っている容器内側のしみ、微細な塵《ちり》、疵《きず》、あるいは微小な泡などがこれにあたる。

カロリー——エネルギーの単位。食物が人の体内で代謝されたときに発生するエネルギー量（熱量）を表わすために使われることが最も多い。一カロリーは、一気圧のもとで水一gの温度を一℃上げるのに必要なエネルギー量（熱量）のこと。

官能基——アミノ基（$-NH_2$）やアルデヒド基（-CHO）などの、化合物を構成する部分の総称。数十種類あり、どの官能基が付いているかによってある化合物がどんな特徴を持つかが決まる。

抗酸化物質——食品中や体内における有害な**酸化**反応を防ぐ化合物。食品の場合、防ぐべき酸化反応のなかで最も一般的なのは、脂肪の酸敗《さんぱい》である。食品に使用されることの多い抗酸化物質には、ブチルヒドロキシトルエン（BHT）、ブチルヒドロキシアニソール（BHA）、**亜**

硫酸塩などがある。

酵素――生体内で産生され、生化学反応を促進する触媒《しょくばい》として機能するタンパク質。生化学反応の進行は本来、きわめて遅いため、ほとんどの反応は適切な触媒の存在なしでは起こらない。タンパク質という性質上、多くの酵素は高温などの極端な環境によって破壊されることがある。

原子――化学元素の最小単位。既知の化学元素は一〇〇種類以上あり、それぞれがその元素に固有の原子で構成されている（関連図→1巻P53、196）。

酸――水に溶解して水素**イオン**（H^+）を発生させる化学物質はすべて酸である（化学者はより広い意味で使う場合もある）。酸の種類によって酸度は異なるが、すっぱい味をもつ点は共通している。

酸化――物質が酸素と化合する反応。通常は空気中の酸素との反応を指す。広義には、**原子**、**イオン**、あるいは**分子**が**電子**を失う化学反応を指す。

脂質《ししつ》――生体内に存在する油脂《ゆし》状、あるいはワックス状の物質で、クロロホルムやエーテルなどの有機溶媒に溶けるものはすべて脂質である。実際の脂肪と油とともに、油脂関連化合物も脂質に含まれる。

脂肪酸――グリセロールと結合して天然油脂の中にグリセリドを形成する有機**酸**。ほとんどの天然脂肪は**トリグリセリド**で、脂肪**分子**一個につき脂肪酸三個が含有されている（関連図→1

巻P132〜133）。

重合体（ポリマー）——多数の（数百以上の場合が多い）同一**分子**が結合してできた巨大分子（関連図→2巻P156）。

浸透——水分子が細胞膜などの皮膜を通って、溶解物質の濃度が低いほうから高いほうへ移動し、膜の内と外の濃度を等しくしようとする現象。

双極子——両端のどちらかが正電荷、反対側が負電荷を帯びている分子。

多糖——複数の**単糖**に分解（加水分解）することができる**分子**をもつ糖。多糖類にはセルロース、デンプンなどがある（関連図→1巻P35）。

炭水化物——生物に見られる化合物群の一つ。糖質と食物繊維の総称。炭水化物は動物にとってはエネルギー源、植物にとっては構成成分としての役割を果たしている。

単糖——分解（加水分解）して他の糖類にすることができない糖。代表的な単糖は**ブドウ糖**（血糖）。

電子——負電荷をもつ極めて軽い素粒子の一つ。**原子**核（非常に重い）の周囲に分布している。

トリグリセリド——一個のグリセロール**分子**に三個の**脂肪酸分子**が結合して構成される**分子**。天然油脂《ゆし》はほとんどがトリグリセリドの混合物である（関連図→1巻P132〜133）。

二糖——二つの**単糖**分子に分解（加水分解）することのできる**分子**をもつ糖。よく知られている二糖には、サトウキビの主要な糖分であるショ糖や、テンサイ糖、メープルシュガーなどがある。

ブドウ糖――**単糖**の一種。血液中を循環して全身に運ばれる。**炭水化物**は体内で分解されてブドウ糖になり、主要なエネルギー源となる（関連図→1巻P34～35）。

フリーラジカル――対になる相手をもたない**電子**を一個以上もつ**原子**、または**分子**。原子内電子は二個一組の状態で最も安定するため、対になっていない電子をもつフリーラジカルはきわめて反応性が高くなる（関連図→1巻P53）。

分子――二個以上の**原子**が結びついて構成する、化学物質の最小単位。

ヘモグロビン――鉄分を含有する赤色のタンパク質。血液中を流れて酸素を運搬する。

マイクロ波――電磁エネルギーの一種で、赤外線放射よりも長く、電波よりも短い波長をもつ。固体の表面から数cmの内部まで浸透する（関連図→2巻P122）。

ミオグロビン――**ヘモグロビン**に類似した、鉄分を含有する赤色のタンパク質。動物の筋肉に見られ、酸素貯蔵物質のはたらきをする。

[著者紹介]
ロバート・L・ウォルク Robert L. Wolke
ピッツバーグ大学の名誉化学教授。同大学に約30年間所属したのち、1990年、執筆に専念するため学界を引退。1998年『ワシントン・ポスト』紙から食品化学コラムの執筆依頼を受け、「Food 101（食品の基礎知識）」を連載。本書のもとになったこのコラムは2007年まで約10年間続き、一般読者からの高い人気とともに専門家からの高評価を獲得。国際料理専門家協会（IACP）主催のバート・グリーン賞、フード・ジャーナリスト協会賞など多くの賞を受賞した。このコラムをもとに執筆された本書の原著は、米国でベストセラーに。2005年には、「化学を多くの人にわかりやすく伝えた」功績により、アメリカ化学会（学術団体）から「グレイディ・スタック賞」を授与された。その後も旺盛な執筆活動を継続中。

[訳者紹介]
ハーパー保子（はーぱー・やすこ）
翻訳家。おもな訳書は『ナイチンゲール 心に効く言葉』『集中力 ― 人生を決める最強の力』『記憶力 ― 成功をもたらす無限の力』『賢者の宝物 ― ゆるぎない真理の教え』（以上 サンマーク出版）、『ヘルシー食材図鑑』『ヨーガの世界』『ナチュラルに高める免疫力』（以上 産調出版）、『素敵に生きる365の方法』（共訳・技術評論社）。

料理の科学

②

素朴な疑問に答えます

2013年2月21日 第1刷
2015年4月26日 第3刷

[著　者] ロバート・ウォルク
[訳　者] ハーパー保子
[発行所] 株式会社 楽工社
〒160-0023
東京都新宿区西新宿 7-22-39-401
電話 03-5338-6331
WEB http://www.rakkousha.co.jp/
[印刷・製本] 倉敷印刷株式会社
[DTP] 株式会社ユニオンワークス
[装　幀] 水戸部 功
ISBN978-4-903063-58-4